聖学院教育の源流

学校法人聖学院創立一二〇周年記念＋ディサイプルス派日本伝道一四〇周年を迎えて

ＡＤ(主の年）二〇二三年十月二十八日（土）は学校法人聖学院の創立一二〇周年記念礼拝をささげる日となります。同時にディサイプルス派日本伝道一四〇周年を覚える日です。聖学院の源流を遡ると一九世紀初頭にアメリカの教会で起こったプロテスタントのディサイプルス教会合同運動に辿り着きます。一八八三年にチャールズ・ガルスト夫妻とジョージ・スミス夫妻とが外国基督教伝道協会派遣の最初の宣教師として横浜に上陸しました。

揺籃期においては一九〇三年に聖学院神学校（校長ハーヴェイ・ガイ博士）を設立、一九〇五年に女子聖学院（初代院長バーサ・クローソン）を設立、翌一九〇六年には聖学院中学校（初代校長石川角次郎）が設立されました。その後成長期を迎えた学校法人聖学院は、聖学院幼稚園、聖学院みどり幼稚園、聖学院小学校、女子聖学院中学校・高等学校、聖学院中学校・高等学校、女子聖学院短期大学、聖学院大学、聖学院大学大学院のキリスト教総合学園として発展を続けてきました。

連綿として受け継がれてきました建学の精神「神を仰ぎ 人に仕う」は、これからも聖学院教育の柱として教育を支えていくことでしょう。最後に「学校法人創立一二〇周年記念（＋ディサイプルス派日本伝道一四〇周年）事業実行委員会」が定めました聖書の御言葉、新約聖書ヘブライ人への手紙第一三章七～八節をもって巻頭言といたします。

あなたがたに神の言葉を語った指導者たちのことを、思い出しなさい。彼らの生涯の終わりをしっかり見て、その信仰を見倣いなさい。イエス・キリストは、きのうも今日も、また永遠に変わることのない方です。（新共同訳）

二〇二三年四月

学校法人聖学院院長　山口　博

復刻版に寄せて

今年は、宗教改革五〇〇年の節目の年です。また今年度は、聖学院大学の前身である旧女子聖学院短期大学創立五〇周年、来年度は、聖学院大学創立三〇周年の節目の年を迎えます。この時、学校法人聖学院は、一九九三年にディサイプルス派日本伝道一一〇年、聖学院開学九〇年を憶えて作成した本書を復刻版として出版することにしました。改めて聖学院の源流を確認し、その伝統を掘り起こし、将来に向けての新たな聖学院のキリスト教教育の足場を、より堅固なものとするためです。本書を通して、先人達の生き方と、その背後にあるキリスト教の精神を深く味わい取っていただければ幸いです。

二〇一七年四月

学校法人聖学院院長　山口　博

序　文

*学校法人聖学院理事長　大木　英夫

*本書刊行時の肩書です

一九九三年は、今日の学校法人聖学院の最初の学校である聖学院神学校創立（一九〇三年）以来九〇年、その背景のディサイプルス教会日本宣教からすれば一一〇年となり、理事会は、この年を「九〇＋一一〇」記念の年と定め、聖学院諸学校をあげて先人の労苦を思い起こし、そしてその遺業を継承するわたしたちの責任を考える機会と致しました。

聖学院神学校は、のちに青山学院と合流し、さらに今日の東京神学大学へと統合されました。聖学院神学校設立の次の年、聖学院英語学校が設立され、更に二年後聖学院中学校が設立されました。この中学校が今日の聖学院中学校・高等学校となってきたのであります。女子聖学院は、一九〇五年に神学部が設立され、その後普通学部、音楽部、家政学部などができましたが、普通学部の部門が今日の女子聖学院中学校・高等学校となってまいりました。ここに集められた文章は、この年に当たって特に記念されるべき先人たちの思想と理想とを示すものであります。これらの先人の見識と献身、またここに名前が出てこない多くの人々の犠牲と奉仕とによって、聖学院の今日の発展の基礎が築かれたのであります。

聖学院の今日の躍進は、その始めからその歴史の中に脈々と流れる「生命力」の発露であります。聖学院神学校の初代校長H・H・ガイ博士は、「釈迦の教えは人が神を尋ねる宗教でありますが、キリスト教は神が人を尋ねる宗教である」とし、その東西文化の融合を教えた人でありますが、その融合の根本的動力は、「だれでもわたしについてきたいと思うなら、自分を捨て、自分の十字架を負うて、わたしに従ってきなさい。自分の命を救おうと思う者はそれを失い、わたしのために自分の命を失う者は、それを見いだすであろう」というマタイ福音書一六章二四－二五節の「キリストに従う」という精神にあると見ました。「ディサイプルス」とは、「キリストの弟子たち」ということであります。聖学院の「生命力」とは「ディサイプルシップ」（キリストの弟子であること）であります。第二次大戦のときの殉教者であったドイツの神学者ディートリヒ・ボンヘッファーの著書『キリストに従う』という本の英訳は『コスト・オブ・ディサイプルシップ』という題となっておりますが、九〇十一一〇年の「ディサイプルシップ」の歴史は、ガルスト宣教師、スミス夫人、ミス・パーカーのように日本に生命を捧げ、日本で死ぬという大へんなコストが支払われて綴られてまいりました。それが聖学院の「生命力」となってきたのであります。今年わたしたちは、この文章をよく読むことによって、わたしたちの学院に伝えられたこの崇高な生き方を思い起こしたいのであります。そこに払われた高価な「コスト」、その「価値」を知ること、まず第一にそれがわたしたちの先人への応答でなければならないと思います。しかしそれに止まらず、その「価値」を知るならば、わたしたちもまた「コスト・オブ・ディサイプルシップ」を払ってそれを継承して行こうという思いが内にわき上がるのではないでしょうか。ガイ博士は「大いに献身犠牲の精神でやらねばならぬ」と教えました。この九〇十一一〇年、率先「大いなる献身犠牲の精神」をもって聖学院の歴史の最初のページを記された先人たちをこの文集に偲びつつ、わたしたちは将来に向かって目を注ぎ、この言葉をわたしたちの心に刻みながら、とくに今年は、この崇高な生き方のよみがえりが聖学院全体にあるよう祈りたいと思います。それが聖学院の独特な記念の仕方でありたいと願うのであります。

聖学院関係のすべての方々に「聖学院教育の源流」を知って頂きたいと願って、この記念文集の作成のためにご尽力下さった小花綾子先生と小倉義明先生のご苦労にも「コスト・オブ・ディサイプルシップ」を感じさせられます。両先生に心から感謝申し上げます。また短期間に出版をなし遂げてくださった聖学院大学出版会の山本俊明氏はじめスタッフの皆さんにも感謝いたします。

目次

表紙デザイン　峯田敏幸

I　聖の意味するもの

1　聖人の教育――聖学院創立二十年を回顧して

石川角次郎

一八六七（慶応三）年、足利に生れた。東京大学予備門に学んだ後、一八八七年渡米、サンフランシスコのユニバーシティ・カレッジやオハイオ州立大学で学んだ。一八八二年よりクリスチャンとして修めること深かったが、一八九一年、福音を同胞に伝えることを期して帰国、教育界に身を置きつつ伝道にあたった。
一九〇三（明治三六）年、ガイ博士の聖学院神学校創立に際し、学習院教授の栄職を去って、その教授に就任した。翌年聖学院英語学校、一九〇六年九月聖学院中学校が設立されるにおよび初代校長として経営に当たり、キリスト教精神による充実した教育を行った。一方神学校教授としても東京および地方の諸教会の伝道を助けた。一九三〇（昭和五）年一二月、天に召されるまで、全国中学校、キリスト教学校教育同盟、ディサイプルス派等、教育、信仰各方面にあって中心的働きをした。

創立以来の歴史

わが聖学院中学校は、明治三十九年九月に開校したのであるから、今年（大正十五年）でちょうど満二十年になる。光輝ある明治の御代は四十五年にして大正の御代と変り、われらが多年「今日のよき日」と祝ってきた十一月三日は、もはや天長節ではなくなったけれど、菊花節とか明治節とか名づけて、国祝日とされるであろうと期待したが、実現しなかった。そこでちょうど本校の創立記念日がまだ定まっていなかったから、この日を聖別して創立記念日とし、明治天皇のご盛徳を偲びつつ、在校生及び卒業生、現職員及び旧職員等を網羅する校友会の総会を催すこととしたのである。大正時代に入ってから、八月三十一日の天長節に対して、別に十月三十一日を天長節祝日としたことを思えば、九月の開校に対して十一月三日を創立記念日としたのも、あながち不合理ではない。

本校の敷地は、もと滝野川村村長、保坂氏の所有であって、「椎の木屋敷」とよばれていた。今でも椎の大木が幾本も残っている。本校では、明治三十六年に貴族院議員中村元雄氏の遺族より譲り受けたのである。今校舎の在る所は、当時は楢林であったが、この所千坪だけは、「公益事業に寄附せよ」という中村氏の遺言により、無償にて寄附された。これより先、大久保、目白、中野、池袋等に候補地があったが、右の寄附その他遺言種々の事情があって、ここに定め、当時の文部次官岡田良平氏に頼んでこの地を見分してもらい、「中学校として差支なかろう」という保証を得てから、これを買収したのである。

創業費は米国アイオワ州知事ドレークという人の寄附、維持費は米国ディサイプルス教会経営の外国伝道協会の支弁する所である。設立当時主として斡旋された宣教師は、日本語の巧妙なるをもって有名な、ガイ博士で、数年前聖学院財団が成立するまで、本校設立者の名義をもっておられた。博士は実に本校の恩人である。生みの親である。聖学院ははじめは他のミッション・スクールと同様、高等部に神学科と文学科とを置き、これに中学部を付属させるつもりであったが、徴兵猶予その他の資格を早くもらうため、普通学部もしくは中学部でなく、全く独立した中学校としたのである。

明治三十六年に聖学院神学校を起し、今の運動場の真中に在った大きな藁屋根の家、その一部は太田道灌時代の物といわれた、古い大きな家屋を、教室並に寄宿舎として用いた。三十七年に新校舎の出来ると共に、聖学院英語学校（夜学）を起こし、それから今の草原のところに寄宿舎が建てられ、丘上の古い家の跡にガイ先生の教師館が出来た。三十九年に中学校が設立されてからは、三学校が、一校舎の中に同居した。本校舎前の神学校校舎は、数年後、マッコイ氏が第一回の帰休後再び来られた時に新築されたのである。

英語学校は、私が明治四十二年ピッツバーグにおけるわが教団設立百年の記念大会に出席するため渡米した時に一時休校し、その後ついに廃校した。神学校は、数年前青山学院と合同してそこに移り、今は中学校だけ残っているのである。寄宿舎は取りこわし、改築費二万五千ドルは既に出来ているけれども、本館の改築の方を先にしたいために、そのままになっているのである。開校当時、学校の周囲はほとんど皆田畑で、駒込橋あたりから校舎が見え、教室から田端の争杉がよく見えた。この争杉が時々修身の教材となった。

聖人の教育

われらは君が学園を「聖学院」と名づけた。その意義は、聖なる学院ではなく、聖学の院である。聖学とは聖人の学である。聖人の学とは、聖人の教を学ぶばかりでなく、学んで聖人となるのである。そうであれば本校の理想は聖人を養成することである。

われらは中江藤樹のような立志を生徒諸子に要望する。藤樹は十一歳の時、『大学』を読み、「天子より以て庶人に至るまでひとつに是れ皆身を修むるを以て本と為す」とあるを見て、大いに感激し、「幸なる哉此経の今に存することや、聖人などて学びて至る可らざらんや」といい、ここに大勇猛心を起し、人間生まれて聖人とならなければ、生きても世に益なく時に功なし、尭舜何人ぞ、孔孟何人ぞ、彼も人なり、われも人なり、同じ人である以上は、われも聖賢と成り得ない理はない、われ必ず聖人となろうと堅く覚悟をきめた。このようにして彼は学を研《みが》き徳を修め、遂に近江聖人と仰がれるようになった。

世の人は、聖人といえば、千万人中一人在るのみと考えるが、そうではない。もし聖人という者が、われら凡人には到底成れない者ならば、それは珍しいというだけのもので、余り価値はない。何人でもその学を修め、その道を行えば、それに成れるのでなければならない。そうであるなら、聖人とは何か。孔子曰く、「吾十有五而志于学、三十而立、四十而不惑、五十而知天命、六十而耳順、七十而従心所欲不踰矩」と。これは、孔子のような人でも、このように修養しなければならないことを教えると同時に、このように修養すればだれでも聖人の域に進むことが出来るということを教えたのである。「心の欲する所に従って矩《のり》を踰《こ》えず」というのが、修徳の極致で、聖人の聖人たるゆえんである。小我と大我の合致である。学校修身にいうところの「自我完成」である。キリストのいう「永生」である。「もしわたしの言葉のうちにとどまっておるなら、あなたがたは、ほんとうにわたしの弟子なのである。また真理を知るであろう。そして真理は、あなたがたに自由を得させるであろう」（ヨハネ八・三一―三二）とキリストは教えられた。この自由を得た者が聖人なのである。『中庸』に曰く、「君子之道費而隠。夫婦之愚可以與知焉。及其至也雖聖人亦有所不知焉。夫婦之不肖可以能行焉。及其至也雖聖人亦有所不能焉」と。ここにいうところの、費（広大）にして隠（微妙）なる君子の道を修めて行けば、聖人となることは必ずしも難しくはない。

右に述べた聖人論については、意見の違う人もあろうが、とにかくそういう意味で「聖学院」と名づけたのである。中学五年で聖学がおわるのではない。聖学は生涯続くのである。中学はその基礎をすえるだけである。

聖学院の教育

本校の生徒定員を、全校二百名一学級平均四十名とした。前述の目的を達するには、生徒の個性に応じて、なるべく個人的に教育するを可とするゆえ、二百名でも多過ぎるくらいだ。ただ余り少ないのもいかがかと考えて、このようにしたのである。学校の経済からいえば、得策ではないが、訓育の上から見れば、大いによろしい。卒業生の少ないことは、数においては、ややさびしく思われるが、相互間の親密であることは、とても他校の及ぶところではない、と彼等自ら証明している。

最初三十九年に、第一、二学年生徒を募集し、四十三年に第一回卒業生十六名を出した。その後毎回三十名前後を出し、本年三月第十七回までに総員約五百名の卒業者を送り出した。その内訳を瞥見すると、法学士、文学士、医学士、工学士、理学士、商学士等である。大学生、専門学校生、高等学校生、神学生等である。官吏、公吏、陸海軍将校等である。教授、教諭、訓導である。弁護士、司法官、外交官、牧師、医師、薬剤師、建築師等である。さらに事業家、美術家、書家、音楽家、新聞記者、郵便局長等である。その他多種多様の職業に従事し、社会の各方面に活躍している。北海道から台湾まで、全国各地に散在し、さらに朝鮮、満州、中国、インド、欧州、北米、南米等世界いたるところに雄飛している。もし彼等が、わが聖学院スピリットを維持し、各自その位地において最善主義を実行し、もって聖学の徹底に努められるならば、これ実に経世済民の一大勢力である。本校が僅々二十年間にこれだけの効果を挙げることができたのは、誠に天のたすけによることと深く感謝せざるを得ない。

われらは、宗教的信念養成の機関として、青年会を起こした。後に名を改めて、「ベリアン会」とした。これは新約聖書、使徒行伝一七章一一節に「ここ（即ちベレア）にいるユダヤ人はテサロニケの者たちよりも素直であって、心から教えを受けいれ、果たしてそのとおりかどうかを知ろうとして、日々聖書を調べていた」とある所より取ったので、素直な志道者すなわち聖学者の会という意味である。教師生徒一団となり、共に神に祈り、共に聖書を学び、共にキリトのために働こうとするのである。われらは、キリストの力が加わわれば、わが聖学の目的を達することが出来ると信ずる。いわゆる「夫婦の愚も以て與《あずか》り知るべく」、「夫婦の不肖も以て能《よ》く行うべし」である。キリストの力に頼るのでなければ、万巻の経を読んでも、百科の学を究めても、わが聖学の堂奥を窺うことは出来ない。いわゆる「その至れるに及んでや、聖人といえどもまた知らざる所あり」「その至れるに及んでや、聖人といえどもまた能《よ》くせざる所あり」である。しかしながら宗教は人に強いるべきものでないから、学校の名で強制的に朝拝や聖書講義に出席を促さないで、各自の自由に任せておくのである。

人格教育を施すには、学課時間外に教師と生徒と接触する必要がある。修学旅行なども良き方法ではあるが、寄宿舎を設け、社交室を備え、教師の監督の下に生徒が交際するのみならず、教師と生徒が、学友として、校友として、教友として、日夕交わるのが最良の方法である。マルコ福音書三章一四節に、キリストが十二使徒を挙げた理由の第一として「彼らを自分のそばに置くため」とあるのを見ても、無意識的感化、不言の教えがいかに大切であるかが分る。前にも言ったように、われらの古い寄宿舎は取り除かれて、跡は草原となっているけれど、あの寄宿舎における様々な行事や会合は、今もなお鮮かな印象をわれらの記憶に留めている。新寄宿舎は既にプランも出来、建築費も出来ているのだから、本館の改築を待たずに建築した方が良いかも知れない。ただ問題は舎監である。有力な指導者がいなければ、立派な設備も役には立たない。しかも建物や設備が完成すれば、また適当な人物が現われるかもしれない。そうであれば、われらは、本館の新築と適当な舎監が与えられるよう、熱心に祈っている。

以上述べたことは、二十年の回顧というよりは、むしろ創立二十年記念学友大会に際しての、私の感想といった方がよいようである。私がガイ博士の熱誠に動かされて、学習院を辞して聖学院に来たのは、明治三十六年の四月で、数えれば早や二十有余年の昔であるが、自分にはまだ二、三年前のようにしか思われない。この期間、幸にさしたる過失もなく今日に至ることができたのは、ひとえに設立者並に校友諸君の同情と後援とによることと、ありがたく感じている。殊に今回、緑川先生と共に、聖学院財団より、また卒業生諸君より、二十年勤続の表彰として、貴重な記念品を頂戴したことは、真に身に余る光栄で、設立者並に校友諸君に、衷心より感謝する次第である。

（「二十年の回顧」、『椎陵』一〇号、大正一五年）

2　聖学院精神の高揚

平井　庸吉

一八七一（明治四）年明石に生れる。同志社や早大の前身東京専門学校に学んだ。受洗後、ガイ博士、マーシャル博士の指導により伝道師となる。牛込、大阪谷町、安治川、天王寺の各教会で牧会にあたった。
一九〇七年、クローソン院長の招きにより女子聖学院の幹事となるため上京、小石川教会の牧師を兼ねた。四四年同校教頭に就任、滝野川教会の牧師を兼ねた。一九二四年女子聖学院院長となった。二六年兼任の滝野川教会牧師を辞した。一九三二年から四〇年まで石川角次郎召天後の聖学院中学校校長を兼ねた。その他多くの要職を引継ぎ、ディサイプルス教会の重鎮的存在であった。
一九四〇（昭和一五）年聖学院中学校校長職は教頭の富永正が就任し、彼は戦時下の官憲圧迫の下にあって、女子聖学院院長としての重責に当った。戦争後の一九四六年ごろから、しばしば病床に就き、四七年三月、七六年の生涯を終え召天した。

この輝かしい意義深い新年を迎え、本校において何か記念事業をしたいと考えているが、何よりまず第一に、「聖学院精神の高揚」を叫びたい。

聖学院精神とは何か？　その名のように「聖」である。聖とは真善美三者の和であり極致である。

「青少年学徒ニ賜ハリタル勅語」に、

「汝等其レ気節ヲ尚ビ廉恥ヲ重ンジ」

とあるのは真善を尊ぶべきことを教え給うたのであり、

「執ル所中ヲ失ハズ、嚮《ムカ》フ所正ヲ謬《アヤマ》ラズ」

と仰せられたのは善人たるの規準を示させ給うたのである。さらに、

「質実剛健ノ気風ヲ振励シ、以テ負荷ノ大任ヲ全クセムコトヲ期セヨ」

と宣わせられたのは、男は男性美、女は女性美を発揮すべきことを諭《さと》させ給うたのである。女性は元来強い者であることを忘れてはならない。

第一に、真《まこと》である。まことは古来わが国において最も重んずるものである。キリスト教においても同様で、「神は霊であるから、礼拝をする者も、霊とまこととをもって礼拝すべきである」（ヨハネ四・二四）とあるごとくである。

学問的には真理を尊び、知識を愛し、熱心に探究する心は尊いのである。道徳的には真実ということは、人に対し、仕事に対し真実であることで、これこそ実に聖学院精神なのである。

第二に、善である。善人くらいこの世に貴いものはない。善人の多い家庭、学校、国家は立派である。人は常によきことを考え、善《よ》いことをなし、善事を楽しむ人でありたい。常に寝食を共にした弟子がキリストを評して、

「イエスは、神が共におられるので、よい働きをしながら、……巡回されました」（使徒行伝一〇・三八）

といっている。

諸君の中から、英雄、偉人の出ることを希望するが、最も希望するところは、すべての生徒諸君が善人になることを期待する。これが聖学院精神である。

第三に、美である。ロダンの言葉に、

「すべてのものはあるべきところにあれば美である」というのがある。家庭において親子、夫婦、兄弟姉妹、学校において教師、生徒がその「あるべきところにあれば美しい」のである。

ユダ書六節に

「主は、自分たちの地位を守ろうとはせず、そのおるべき所を捨て去った御使たちを、大いなる日のさばきのために、永久にしばりつけたまま、暗やみの中に閉じ込めておかれた」

とあるように御使でさえも「おるべき所」を離れれば、長久の暗黒に投げ込まれるのである。

肉体的にも、精神的にも美しくなる、男性美、女性美の発揮、これが聖学院精神である。この聖学院精神はだれが構成するか。それは一、教職員、二、生徒、三、卒業生の三者の協心協力による外はない。

本年は大いに、聖学院精神を高揚したいと思う。最後に一言したいことは、聖学院精神の基礎をなすものはキリスト教精神であるということである。さらにキリスト教精神とは何かというと、敬神奉仕であり、十字架の精神である。キリスト教精神を除外して聖学院精神はない。キリスト教精神を失った聖学院は塩がその味を失ったと同様に、もはや存在の価値はないのである。

（「一九四〇年元旦式辞」より、村田百可『平井庸吉伝』一九六五年、二六五―二六七頁）

3　聖学院精神の基本

小田　信人

一八九六（明治二九）年山形県飽海《あくみ》郡日向村に生れる。酒田商業を卒業し、小学校教員をした後、聖学院神学校に学んだ。土崎伝道所（秋田県）で伝道をし、さらに研鑽を深めるため、アメリカのテキサス・クリスチャン大学、太平洋神学校に留学。

帰国後、聖学院教会牧師に就任し、聖学院中学校英語教諭、女子聖学院教頭をつとめ、一九四七年、平井庸吉院長の後を継いで、第三代女子聖学院院長に就任。戦後の日本教育界で目ざましい働きをされた。

一九六七年、女子聖学院短期大学の開設とともに学長に就任し、一九七九年には、学校法人聖学院理事長に就任し、男女聖学院を一体化した、オール聖学院を強調するなど、一九八五年、八九歳で天に召されるまで、その生涯を聖学院教育に献げ尽された。

「二十年の回顧」について

石川角次郎先生のこの文章（本書「聖人の教育」一〇頁）は、「聖学院」という校名の命名者三人（H・H・ガイ、石川角次郎、宮崎八百吉）の一人として、その由来を書き残した貴重な文献である。「われらは君が学園を『聖学院』と名づけた。その意義は、聖なる学院ではなく、聖学の院である。聖学とは聖人の学である。聖人の学とは、聖人の教を学ぶばかりでなく、学んで聖人になるのである。そうであれば本校の理想は聖人を養成することである」。

石川先生が意味する「聖人」とはキリスト信者を指すのである。キリストを信じたキリストの弟子ということであった。彼はこの文章の中に「キリストのいう『永生』である。『もしわたしの言葉のうちにとどまっておるなら、あなたがたは、ほんとうにわたしの弟子なのである。また真理を知るであろう。そして真理は、あなたがたに自由を得させるであろう』(ヨハネ八・三一―三二)とキリストは教えられた。この自由を得た者が聖人なのである」と書いている。聖書に書かれている聖徒(ἅγιος ハギオス、ローマ一・七、Ⅰコリント一・二、Ⅱコリント一・一、エペソ一・一、ピリピ一・一、コロサイ一・二)という言葉は聖者また聖人と訳して間違ってはいない。石川先生は聖書でいう「ハギオス」を聖人と呼んでいるのである。そしてキリストの弟子たち、すなわち聖人たちの残した教えを聖学と呼んでいるし、この教えを学んで、キリストの弟子となること、すなわち、聖人たちを養成することを理想として創立されたのが聖学院であると主張される。

この文章には中江藤樹が『大学』を読んで発奮したこと、尭舜も孔孟も聖人であり、これらの聖人の教えが中国の聖学であること、そして藤樹も中国流の聖人となったことが描かれている。石川先生は「聖人は、千万人中一人在るようなものであってはならない。何人でもなり得るものでなければならない」と主張する。それがキリストの教えでありキリストの道だと言うのである。万人のために広く開かれたキリストの道は、同時にその道の奥行きは深遠であって、生涯たゆまず、歩むべき道であるというのである。

石川先生はこれらの消息を、中国の古典、『論語』、『中庸』の言葉を引用して解明したのである。

周知のように石川先生は、福音をわが同胞に伝える大決心をもって生涯を過ごされた。ディサイプルス派諸教会での働きは、基督教会派の中心的働きをなした一人と『基督教会史』に記されるとおりである。しかし、同書は、先生が教育界にしばらく身を投じられた事由として、日本同胞に福音を説くに、日本思想、東洋思想の無視しえないとの見地から、極めて自由かつ保守的な神学の立場で伝道に従事しようとされたことをも述べている。『論語』、『中庸』の語を用いられた意味と、その用語の奥に先生が真に伝えられようとしたものとを、読者は誤ることなく捉えなければならない。

「聖学院精神」について

平井庸吉先生は聖学院が創設された時（明治三六年、一九〇三年）には、大阪の伝道所で伝道中で、結婚したばかりの時であった。先生は早大の前身東京専門学校在学中、ミス・オルダムのバイブル・クラスに出席し、関口教会で受洗し、伝道者となる決心をして、ガイ博士が開設していた聖書神学校で二年間、ガイ博士とマーシャル博士の二人から教えを受け、更に一年間マーシャル博士の日本語の教師をつとめながら、神学を勉強した。そして大阪で伝道を始めたのが明治三三年（一九〇〇）一月であった。招かれて女子聖学院に来任したのが明治四二年（一九〇九）六月、大正一三年（一九二四）三月、ミス・クローソンの後任として女子聖学院院長となった。昭和七年（一九三二）一月、聖学院中学校長に、女子聖学院院長現職のまま就任した。そして昭和一五年（一九四〇）三月に兼任の中学校長を辞任。昭和二二年三月永眠された。

平井先生は「聖学院」と名づけた意義について「聖書を研究する学院」また「聖なる御名の上に建てられた学院」と理解され、男子の学校「聖学院」と命名したのはH・H・ガイか、宮崎八百吉あたりであろうと語られている（『女子聖学院五十年史』一九頁）。

平井先生は女子聖学院また聖学院中学校の教育方針について、よく語り、またよく文章に書いた。そのうち最も代表的な文章がここにある。これは昭和一五年（一九四〇）一月一日に中学校の生徒たちに語られた元旦礼拝における式辞である。聖学院教育の真髄を力強く述べている（本書、「聖学院精神の高揚」、一七頁、『平井庸吉伝』二六五〜二六七頁)。

「この輝かしい意義深い新年を迎え、本校において何か記念事業をしたいと考えているが、何よりもまず第一に『聖学院精神の高揚』を叫びたい。聖学院精神とは何か？　その名のように『聖』である。聖とは真、善、美三者の和であり、極致である。

真　真理を尊び、知識を愛し、熱心に真理を探究する心は尊い。

善　善人位この世に貴いものはない。すべての生徒諸君が善人になることを期待する。

美　ロダンの言葉に、『すべてのもの、そのあるところにあれば美である』と。この意味において美を追及する。これら三つの価値を追及せよ。

最後に一言したいことは、聖学院精神の基礎をなすものはキリスト教精神である。キリスト教精神とは何かというと、敬神、奉仕であり、十字架の精神である。キリスト教精神を除外して聖学院精神はない。キリスト教精神を失なった聖学院は塩がその味を失ったと同様にもはや存在の価値はないのである」。

付け加える必要もなく、明瞭であるが、平井先生がここで用いている「キリスト教精神」という言葉を「聖」という言葉で言いかえて見ると、平井先生が考えておられた「聖学院精神」の意義が一層明瞭である。

昭和一一年(一九三六)に、聖学院中学校の校歌も、女子聖学院の校歌も同時に制定された。作詩者は由木康氏、作曲家は大沢寿人氏であった。このことを直接依頼したのが今村正一先生(当時女子聖教頭)であったが、由木康先生は、聖学院、女子聖学院の環境を直接見て、平井先生から歌詞の内容として盛られるべき事柄を直接きいて帰られ、推敲に推敲を重ねて出来上ったものであった。

聖中の校歌の第三節に

ここにて学ぶ　真、善、美を
ひとつの聖に　　すべくくりて
神と人とに　　　ささげつくす
これぞわれらの　尊き使命
聖学院　聖学院　聖学院

とあるが、聖学院精神が直接、ここに歌われている。そして平井先生のこの元旦の説教は、そのままこれを強調している。

平井先生が持っておられた「聖」は真善美の統合したものであり、その根源でもあり、そしてその極致であった。

「聖」についてはドイツの哲学者たち、また神学者たちの間に十九世紀の後期から二十世紀の初期にかけて、活発な論争が行われたものであった。ヴィルヘルム・ヴィンデルバントが「聖なるもの」と題する論文を発表したのは一八八四年であった。聖をもって論理学・倫理学・美学の三基本学のそれぞれの理想目的とするもの、すなわち、真・善・美を包含し、更にそれ以上のものであると論じている。

ユーゴー・ミュンスターバーグは、ドイツ生まれの哲学者、心理学者で、アメリカにわたって、ハーバード大学の教授となった人であったが、一九〇八年『価値の哲学』を著して、あらゆる価値を統合するもの、それが「聖」であって、最高の価値であると論じた。

ルドルフ・オットーは、一九一七年に『聖なるもの』（岩波文庫）を著わしているが、日本にも広く知られている。

これらの思想の流れが「聖学院」の名付親ガイ博士に影響したとも考えられるが、平井先生の心にも深い関心を与えたものと想像される。

（「聖学院精神」、『先人の求むるところ』、一九八三年、三―七頁）

4　神を仰ぐ——礼拝とは何か

畑中　岩雄

一八九七（明治三〇）年千葉市に生れた。一九一四（大正四）年青山学院中学部を卒業。聖学院神学校に入学した。途中病のため一年余休学。二一年卒業、大阪玉出教会の牧師となった。一九二七（昭和二）年中野教会（現中野桃園教会）三〇年大阪天王寺教会に赴任。三九年聖学院男女両校の宗教主任に就任。聖学院教会の牧師を兼任した。

一九五〇（昭和二五）年、聖学院中高の副校長に就任しヘンドリックス校長を補佐した。

五二年校長に就任、また浦和領家の女子聖学院農場跡で伝道を開始し浦和領家教会を設置した。五四年三月聖学院講堂および東校舎が全焼し、校長としてその再建に苦心した。翌年秋、現在の講堂が再建されたが、これらの苦労により健康を害し、五八年退職した。六一年大磯に移り、六八年より二宮教会に赴任、会堂を建てるに至り、基礎を確立した。その後も名誉牧師として牧会に当たってこられたが、一九九一年召天された。

キリスト教徒のいう礼拝とは、神を拝むことである。

拝むとは何か

礼拝というからには、神を礼拝するに極っていると思う者もあるであろうが、そうとは限らない。祖先を礼拝する者もあり、天皇を礼拝する者もあり、仏を礼拝する者もある。あるいはまた日月星晨を礼拝したり山川草木を礼拝したり、極めて原始的な宗教にあっては、人間の肉体の一部などをも礼拝する。

崇拝という言葉は礼拝という言葉よりも、軽い意味で一般に用いられているが、崇拝という言葉も、文字の示すように「あがめ、おがむ」という意味を表わすなら、私たちキリスト教徒はあまり軽々しく使いたくない。「英雄崇拝」「天皇崇拝」などはまだよいが、先般ある雑誌に賀川豊彦さんが「看護婦崇拝論」という文章を書いておられたが、「看護婦崇拝」という題目は少しおかしくはないだろうか。看護婦をいくら讃めたたえてもかまわないが、「崇拝」するには当らないと思う。

キリスト教徒の礼拝とは、神を拝むことであるが、拝むには一人で拝むこともある

ひとりで、多数で　し、多数で拝む場合もある。キリスト教徒の生活には、必然にその両方面が行われる。

ひとりの静かな部屋にあって礼拝する時、

「主はわたしの牧者であって、わたしには乏しいことがない。

主はわたしを緑の牧場に伏させ、いこいのみぎわに伴われる。

主はわたしの魂をいきかえらせ、み名のためにわたしを正しい道に導かれる。

たといわたしは死の陰の谷を歩むとも、わざわいを恐れません。

あなたがわたしと共におられるからです。

あなたのむちと、あなたのつえはわたしを慰めます。

あなたはわたしの敵の前で、わたしの前に宴を設け、わたしのこうべに油をそそがれる。

わたしの杯はあふれます。

わたしの生きているかぎりは、必ず恵みといつくしみとが伴うでしょう。

わたしはとこしえに主の宮に住むでしょう」（詩二三）というような祈りがささげられるであろう。多数で拝む場合は、教会の礼拝のようなものである。ここではまた、一人で礼拝する時とは異った喜びと意義とを感ずることが出来る。

霊とまこととをもって

キリスト教徒が礼拝する場所は、もとより教会の中のみとは限らない。イエスがかつてサマリヤの婦人に語られたように、「霊とまこととをもって拝する」ならば、山の上、林の中、海辺、河岸、原野、など、どのようなところもさしつかえない。必ずしも壮麗な堂塔伽藍を必要としない。「聖なるもの」を仰ぐ心は、人間としておのずから、美しい宮を建てさせたり、立派な殿堂を築かせたりするのであるだろうが、真の礼拝者は、霊とまこととをもって、どこにおいても神を拝し得るものである。私たちも時折り、会堂を出て、森の中や丘の頂きで礼拝するのが望ましいことである。ただその場合に注意しなければならないのは、山野における礼拝が、天然物、自然物の礼拝とならないように心することである。私たちが常に父なる神と交っているならば、そのうれいはないであろうが、現代社会において、生活苦をいとい、目まぐるしい実生活の壓迫からしばらくでも逃れて、自然界の中に神を礼拝しようとする人はややもすると、自然を慕いあこがれる感情に支配され、自分でも識らずに、山川《やま》雲霧その物、あるいは夕映の空など、自然そのものを礼拝していることがある。

私はここでもイエスの生活を慕わしく思って眺める。「イエスは群衆を解散させておられる間に、しいて弟子たちを舟に乗り込ませ、向こう岸へ先におやりになった。そして群衆を解散させてから、祈るためひそかに山へ登られた。夕方になっても、ただひとりそこにおられた」（マタイ一四・二二—二三）という句、「ヨハネの弟子たちがきて、死体を引き取って葬った。そして、イエスのところに行って報告した。イエスはこのことを聞くと、舟に乗ってそこを去り、自分ひとりで寂しい所へ行かれた。しかし、群衆はそれと聞いて、町々から徒歩であとを追ってきた」（マタイ一四・一三）という句、「イエスは、兄弟ヨハネだけを連れて高い山に登られた」（マタイ一七・一）という句、「朝はやく、夜の明けるよほど前に、イエスは起きて寂しい所へ出て行き、そこで祈っておられた」（マルコ一・三五）という句などを読むと、イエスが湖水の岸や山の頂で、静かに父と交っておられる姿が明瞭に想像される。彼は、天地自然の美をよくごらんになり、私たちの到底知ることの出来ない深さにおいて、自然界の意味を悟っておられたのであるが、しかし、決して自然そのものを崇めたり、人格化して考えたりはしなかった。自然と一切の生けるものの背後にある神を実に明白に見詰めておられたのである。まことにこの点においては、彼以外のすべての宗教の教祖たちは、到底、彼と同列ではないようである。

そこで祈っておられた

キリスト教徒の信仰生活は、「礼拝」と「伝道」という二つの方面にいちじるしく表われる。「伝道」についてはここに述べないが、「礼拝」について少しくいえば、「礼拝」はあくまでも神と人との関係であって、人と人との関係ではない。人に示すために礼拝するのでもなければ、親睦のために礼拝するのでもない。現今の教会が日曜日の朝の集会を、もし「礼拝式」と呼ぶならば、現今の教会は、よほど礼拝の意義を失なっている。現今の教会では、礼拝式にも説教が主要な役割を演じており、会衆も、説教を聴くのが目的で礼拝に出席する傾向がある。信徒の魂の糧となり、信仰生活のすすめとなる言葉が、講壇からのべられるのは礼拝の大切な一要素であろうが、しかし、それが礼拝の大部分を占有するならば、礼拝の常道とはいえない。み名をたたえること、み言葉を読むこと、祈りと感謝、すすめを聴くこと、聖餐式、献金、などがそれぞれみな重要な役目をもって、礼拝を形づくるのである。

礼拝の心備えとしては、いろいろなことが考えられるであろうが、まず邪心を去ることである。イエスの言われたように、礼拝の場所に行く時、「だから、祭壇に供え物をささげようとする場合、兄弟が自分に対して何かうらみをいだいていることを、そこで思い出したなら、その供え物を祭壇の前に残しておき、まず行ってその兄弟と和解し、それから帰ってきて、供え物をささげることにしなさい。あなたを訴える者と一緒に道を行く時には、その途中で早く仲直りをしなさい」（マタイ五・二三—二五）である。もし邪悪の心に満ちているならば、「わたしたちに負債のある者をゆるしましたように、わたしたちの負債をもおゆるしください」（マタイ六・一二）という祈りが出来なくなる。

第二に、心備えとして、おのれを去ることである。門閥地位を誇ったり、富貴を得意にしたり、器量や衣装や才気を見栄にしたりして、神の前に出ることの出来ないのは分りきったことのようであるが、世間では、案外、そういうものが寺院や教会の中に通用している。自分の貧しいことや、地位の低いことに、ひけ目を感じて、それを人の前に気にしながら礼拝するのも、まことの礼拝ではない。教会以外の他のいかなる社会でも、貧富能力の別によって人間を色分けしている時にあたって、せめて、教会の内だけでも神の国の姿を映したものとして、階級や貧富による差別を置きたくないものである。

以上の二つは消極的な方面であるが、積極的な方面からいうと、信者は一つの心となって礼拝すべきである。イエスは父に対する祈りの中に「わたしたちが一つであるように、彼らも一つとなるためです」（ヨハネ一七・二二）と弟子たちのために祈っておられる。キリストに従う者たちが、主の日に一つとなって、聖なる父を礼拝する時、一週間の生活が聖められて行くのであろう。

（「禮拜とは如何なる事か——基督教講話（其の一）」「新世」三〇二号、一九二七年）

Ⅱ　聖学院の期待する人間像

1　東西文化の融合

ハーヴェイ・H・ガイ

Harvey Hugo Guy 一八九三（明治二六）年宣教師として日本に着任。着任当時二四歳である。夫婦ともドレーク大学出身で、日本語の習得力にすぐれ、小石川関口水道町、森川町の教会で伝道の傍ら、一八九六年一時的であるが聖書神学校を開いた。二年後直接伝道に力を向けるため閉鎖されたが一九〇三（明治三六）年、聖学院神学校が設立され、ガイは校長兼教授となった。彼自身二ケ年の休暇帰米中、シカゴ及びイェール大学に学び、また神学校創設の資金を集めに奔走した。翌年聖学院英語夜学校、一九〇六年聖学院中学校を設立した。設立の申請はガイが行い、校長は石川角次郎である。

一九〇七年、夫人の病気のため帰米し、一年の休暇後も帰任を図ったが実現せず、神学校校長はマッコイ博士に代った。

米国ではカリフォルニアの日本人のため働き、また神学校で教えた。また度々日本を訪れ、生涯をほとんど日本人との係わりの中に献げ、一九三六（昭和一一）年、天に召された。

東洋文化と西洋文化

二〇世紀のはじめにおいて、最も著しく感ずるのは何であるかというならば、西洋文化と東洋文化の接触ということである。この二つの文化は、幾千年の間、異った方面に伸び、進化して来たのである。その流れ、その歴史の間に、特殊なる風俗習慣を作り、特殊なる哲学宗教を組織し、特殊なる政体を進めて来たのである。大もとは兄弟であったけれども、いま相対する時には、たがいに驚き、たがいに疑う次第である。この異った文化が相対すると、そのところに多少の誤解、多少の疑問が起こることはまぬがれない話と思う。けれども、この文化には、各々気高い、高尚なるところがある。それを保存し、それを来らんとする理想的文化に貢献することが、私たちの義務と思っている。そもそもこの高尚なるもの、気高いものは、どんなものであるかということを、皆さんとともに暫く研究してみたいと思う。

東洋の文化は、信用的文化であると言いたい。武士の一言、金鉄のごとしといわれている。決して白紙に記された契約をもって、その関係を明らかにしない。信用が多い。信用的個人的関係である。西洋の文化は、契約的文化と言いたい。すべては契約に依って決められる。社会生活においても、宗教生活においても、同じことである。聖書でも、新約聖書、旧約聖書といっている。商業、工業、すべては、契約の上に立っているのである。この信用的文化と契約的文化とを融合することが出来るならば、余程面白い文化が現われて来るだろうと、深く信ずるのである。

もう一つは東洋文化は忠信的文化である。この忠信という言葉は、少し説明しなければならないが、忠信は孔子の言葉である。「忠信を主とし、己に如かざる者を友とすること無く、過まっては則ち改むるに憚ることなかれ」。その忠信である。忠は忠君愛国の忠、信は真、宗教である。これを合わせて主としなければならないと孔子は言っている。それで私はその言葉を借りて、東洋の文化は忠信的文化であると言いたい。確かにこの東洋文化には、宗教の要素がある。それに反する訳ではないが、西洋文化は組織的文化である。純粋な政治的文化である。宗教の要素も多少はあるであろうが、しかしそれはわずかであって、ほとんど顧みるに足りないのである。純粋なる政治的、組織的文化である。もし日本のこの忠信的宗教的要素をもっている所の東洋的文化と、西洋の組織的文化とを融合することが出来るならば、余程面白い文化が現われるであろうということは疑いがない。

日本の古い言葉に——今でも使っているが「まつりごと」という言葉がある。この「まつりごと」という言葉を研究して見るならば、やはり東洋文化に宗教の関係があるということがよく分る。昔から今日に至るまで、上に立っている日本の指導者は、みんな宗教的信念をもっている。本当の忠君愛国の人であったならば、必ず宗教の精神に満たされている人である。

わが心及ばぬ国のはてまでも
よるひる神や守りますらむ

これは明治天皇の御製である。両者融合することが出来なければ、理想の文化は現われて来ないだろうと思う。この東洋文化は理想を重んずる文化である。義を重んじ、礼を尊び、余り実用的でなくとも、何時も理想を重んじているような文化であると思う。これに反し、西洋の文化は実際的文化である。実際的実用的文化であり、機械的物質的文化である。この理想的な、余り実用的実際的でない文化と、実際的物質的、実用的文化とを融合することが出来たならば、これまた余程面白い意味のある文化が出来ると思う。

東洋と西洋の哲学・文学・宗教

哲学のことを考えて見るならば、更に一層よく分る。東洋哲学というものは神秘的哲学である。霊妙不可思議なる、温かい情に満ちている所の哲学である。西洋の哲学は、これは実験的哲学である。冷たい理論の上に成立っている所の哲学である。すべての科学の研究を統一し、調和する所の、冷たい理論的な学問である。もし神秘的東洋哲学と、この理論的冷たい哲学とを合わせることが出来るならば、余程深い意味のある哲学が出来るであろう。

文学はどうであろうか。東洋の文学は、どんな言葉をもって形容できるか。制止的鎮厭《ちんよう》的文学とでも言えるであろうか。どのようなものでも、抑《おさ》えて暗に言う文学である。それに反して、西洋の文学はありのままを言ってしまう。譬えて言うならば、もし西洋の詩人が鎌倉にきたなら、その古い歴史を研究し、その盛んな立派な幕府時代を研究し、武士の風俗習慣を研究し、英雄豪傑の業績を研究し、勇者と美人とのロマンスを研究し、昔と今とを比較研究し、そして長い長い詩を書いて、これを詳しく叙述するであろう。しかし同じことを表わそうと思う時、日本の詩人は何と書くであろう。「夏草や兵士《つわもの》どもが夢の跡」。ただそれだけである。西洋の方では、言おうとするところをみな言ってしまう。日本の方では、言おうとするところを言わない、抑《おさ》えて暗に言う。もしこれを融和し得たならば、面白い文学が出現するであろう。

それから宗教について言えば、東洋の宗教は沈思黙考的宗教である。静に考え、おのれを顧みる宗教である。ところが西洋の宗教は活動的である。あるいは社会運動をする。あるいは政治界にもその手を伸ばすというように、非常に活動的な宗教である。もし、この東洋の沈思黙考的宗教と、西洋の活動的宗教とを融合することが出来たならば、余程面白い理想の宗教が現われて来るだろうと、深く信ずるのである。

もう一つ考えていただきたいことは、東洋の宗教は、よく無我ということを説くことである。もちろんその無我という言葉については、色々解釈もあるけれども、その言葉の意味は消極的で、全く我を殺してしまうということである。西洋の宗教は積極的に人格を尊ぶ宗教である。もしこの東洋のすべての私心私慾を殺す宗教と、西洋の人格を完成する宗教とを合せたならば、余程面白い宗教ができるであろうと思う。

またもう一つある。非常に深くなり、私も迷うかもしれないけれども、如来ということである。東洋の宗教では如来という言葉を使う。この如来の意味については、たびたび日本の宗教家に尋ねてみた。如来とは、

「如」は真如、絶対の意味で、「来」は来る、人間の間に現われ来っている神である、と説明された。……東洋の宗教は、人が神の形を取るという方を強調する宗教であり、努めて段々と向上して神になる宗教である。西洋の宗教は、神が人間の形を取る宗教である。ある人が東西の宗教を比較して、「東洋の宗教は、人が神を尋ねる宗教であり、西洋の宗教は、神の方から人を尋ねる宗教である。失ったものを尋ねてこれを救うためであるというような、神が人を尋ねる宗教である」と言った。もしこれを融和することが出来るならば、理想の宗教がそこに出現するだろうと思う。釈迦牟尼仏の教えは、人が神を尋ねる宗教であり、キリスト教は神が人を尋ねる宗教である。

もう一つは東洋の宗教で「悟り」という言葉を使う。ひとつの方に非常に深く考える時には、自分の悟りを得られる。そして本当にそこに安心が得られる。西洋の宗教の方は神を知る。だから、一つは悟りであり、一つは知識である。一つは主観的消極的宗教であり、一つは客観的積極的宗教である。まあいかなる方面から考えても、この東洋文化と西洋文化とを融合することが出来るならば、余程面白い文化を作るようになることだろうと、自分は深く信じている。

東西文化の融合の必要

また世界の平和ということを考える時に、確かに今日の状態は、東西文化の融合を待っている。もしこれを融合することが出来なかったならば、世界の将来はあまり有望でないと自分は深く信ずる。またこの二つの文化融合のために努力することは、皆さんを尊敬する立場から言うならば、皆さんの義務であると思う。また私一個人のことを申し上げるならば、これは私の一つの使命であると考えている。

これまでは、人が各々自分の文化文明だけを研究し、一面だけを見て、東西文化の融合は出来ないと考えていた。日本の哲学、インドの哲学、すなわち東洋の哲学のみを研究していて、あまり深くは西洋の哲学を知らない。それでこれはとても融合すべきものではないと言っている学者がある。人種問題を考えても、自己が属している人種だけを研究して、とても人種を融合することは出来ないと決めた。しかし私は、確かにこれを統一することが出来る、これらの人種を、これらの文化を、確かに調和することが出来ると深く信じている。また出来るのみならず、出来なければならない。出来なければこれまで申したとおりに、将来はあまり安全ではない。日米親善、日米問題、人種問題、宗教問題、文化問題等、どうしてもこの二つの文化を融合しなければ、解決は出来ないと思う。

東西文化の融合に必要なもの

それならばこれを融合するのに必要なものは何であろうか。まず第一に忍耐である。幾千年の歴史を持っている問題であるから、そんなことは朝飯前の仕事だなどと思ってはならない。これは時間のかかる問題である。そんな早く解決することは出来ない。段々と私たちが研究をなし、交流して、ついにそれが決せられるであろう。その日その時を待つということが必要である。

それからその次に必要なものは同情である。他国の文化を研究する時に、他国の宗教を研究する時に、どうしてもそれに同情しなければ、その宗教、その文化を真に理解することは出来ない。出来るはずはない。たといその宗教を自分のものと信じなくても、それに同情をしなければならない。キリスト教徒が仏教を研究する時には、たとい仏教を自分の宗教としなくとも、それに同情しなければ、仏教の仏教たるところは分からない。同じように、仏教徒がキリスト教を研究する時には、たといそれを自分の宗教としなくとも、それに同情して、興味をもって研究しなければ分からないのである。キリストの言葉に「敵を愛しなさい」ということばがある。

ある人は、敵を愛するなど、とても出来ないというかも知れないが、しかし出来ないことはない。出来るのである。私はこのあいだ旅順港に行き、明治四十年に、日本政府が建てたロシア兵の記念碑を拝見した。それは古いロシアの墓場にある。その背面に書かれた言葉を読んで、私は非常に感動したのである。それは固苦しい漢語で書いてあったが、私は写して持って来た。

「ああ不幸にして一命を隕《おと》す者あらんか、たとえ仇敵といえども、これをおおいこれを埋めるをもって、まさに本務とすべきなり。けだしこれによって、一は忠義を励まし、一は仁愛の道をひろむればなり。いわんや昨年は仇讐たりといえども、今日は既に友邦たるにおいてをや。（略）」。

私の最も感じたのは次の句である。

「いわんや昨年は仇讐たりといえども、今日はすでに友邦たるにおいてをや」。

これは、読んで思わず繰返した。なお末文に、

「すなわち、ここに碑表をたて、もって英霊を百世に弔し、その義烈を千載に揚ぐ」

とあるのを読み、これは実に敵を愛する精神の発露であると感心した。

敵を愛する――これは死んだ時であるが、もう一歩進んで、生きている敵を愛する、それまでの同情が無ければ少しもこの人種問題を解決することは出来ないし、またこの東西文化を融合するということは不可能である。

また次に必要なものは、献身犠牲の精神である。同じ旅順港に、東鶏冠山というところがあるが、ここは難攻不落の砲台のあった所である。いかなる大砲を持って来ても、落すことができない砲台であると批評されていたところであるが、その東鶏冠山を見て来た。山の上にあって、下は平原であった。日本の軍隊は、その一

里も二里もある平原を渡って、多くの危険を冒して、ついに砲台を乗っ取った。二十八吋《すん》の巨弾を六百発も打込んだけれども、少しも動かず、肉弾の総攻撃を何度となく試みたけれども、一向に落すことが出来なかったが、しかしついに、最後は日本の軍隊の手に落ちた。その東鶏冠山を落した力は何であるかというと、外でもない、その攻撃に加わった、忠義深い日本の軍隊の献身犠牲の精神の結晶である。これが無かったならば、とてもあの砲台を落すことは出来なかったであろう。この人種問題、宗教問題、文化問題を研究する時も、そういう精神が無ければならない。自分の気にいらないことがあると、すぐに怒って止めるような人は、いくら研究しても、この問題を解決することはとても出来ないのであって、大いに献身犠牲の精神でやらなければならない。

またもう一つは、この東西両文明を融合する力はどこにあるかというならば、それは人種以上、国家以上の宗教の力である。その無宗教的宗教、その絶対の宗教、その徹底したる宗教、その人格の宗教に頼らなければ、いま危険であるようなこの問題を解決することは出来ない。それは人格の力である。教育の目的は何であるかということを、教師たちが非常に研究しておりながら、意見が一致しないけれども、私は教育の最上の目的は、人格を作ることであると言いたい。その人格の力で当ったならば、いかなる大きな問題であっても、確かに解決することが出来る。またどんなに異った文化であっても、その人格の力によって取り組んだならば、必ずこれを融合することが出来ると思う。

言うまでもなく、宗教の力というものは、理屈によるのではない。私は日本に来てから、たびたび宗教家と意見を交換している。京都の仏教会館で、自分の所感を述べたこともある。また京都の有名な禅宗の学者と、意見を交換したこともある。が結局のところは、人格の力である。仏教の力は何であるかと言えば、仏教の巧みな理屈ではない、仏教の哲学ではない、釈迦牟尼その人の人格である。釈迦牟尼は皇太子でありながら、その地位を捨ててしまって、出家遁世して、物乞同様の境涯に入った。その時に御所から使いが来て、帰られるようにと勧めた。「あなたのお父上は年寄りである。辞してあなたに位を譲りたいと仰せになっている。御所の者は、あなたの帰りを涙を流して待っているから、ぜひ帰るように」と勧めた。その時における釈迦牟尼の答えは、余程徹底した答えである。

「日月地に落ち、須弥雪山わが頭に転ずるとも、わがこの大本願を完《まっと》うするまでは、決して止まぬ」。

こう答えて、その使いを帰した。これが仏教の力である。人格の力である。キリスト教の力は、キリスト教の理屈にあるのではなくて、キリスト自身の人格である。仏教の哲理は、釈迦から二百年、三百年の後に出来たのである。キリスト教の神学は、キリストが死んでから、五十年もしくは百年の後に出来たのである。キリスト教の力は、その教理にあるのではなくして、キリスト自身の人格の力にある。ある時キリストが、エルサレムに上ろうとした時、弟子がこれを止めて、「エルサレムに行ってはいけません。敵があなたを待っています。エルサレムにお上りになりましたならば、必ず敵があなたを殺します」と言った。その時にキリストは答えて言われた。

「だれでもわたしについてきたいと思うなら、自分を捨て、自分の十字架を負うて、わたしに従ってきなさい。自分の命を救おうと思う者はそれを失い、わたしのために自分の命を失う者は、それを見いだすであろう」（マタイ一六・二四―二五）。

このように徹底した、全く人種の僻見などを超越した人道主義、いわゆる宗教の上の宗教にまで向上しなければ、とても東西文化の融合は成らずして、いま自分たちが困っている、種々様々な問題を解決することは出来ない。根本的に解決しようと思うならば根本的方策が無くてはならない。それはただいま言ったとおり、人格の宗教である。人種平等という言葉をよく使う。キリスト教では兄弟姉妹、中国では四海皆兄弟というような言葉を使っているが、言葉だけでは何の役にも立たない。それを自分の心に銘じて、実行しなくてはならない。人種的僻見を去った、人種以上の宗教でなければ、自分一個人として成功することが出来ないのみならず、国としても、政府としても、文化としても、とても長く続くことは出来ないのである。

この間、中国に行き、黎元洪という有名な政治家に会って、色々なことについて意見を交換した。その時に黎元洪が私に対して言うには、「中国に一番必要なものは教育である。今の無残なる状態、この戦争ばかりやっている悲惨なる有様を、もし救おうと思うならば、それは教育の力によらなければならない。一般の中国人が教育されるまでは、この状態が続くだろう。三十年、四十年、ないし五十年位は続くかも知れない」と、言った。けれどもその時に、私は黎元洪に答えた。中国に最も無ければならないものは教育ではない。もちろん教育も必要だが、中国に無ければならぬものは二つある。一つは忠君愛国の精神である。それが中国にはほとんど無い。もう一つは、宗教の精神である。私は中国に行って驚いたのは、中国人にほとんど宗教心の無いことである。宗教の建物を粗末にし、その屋根は潰《こわ》れかかっており、そこに働いている人の無人格というような状態を見て、驚いた。それで私は、黎元洪に言った。「朝鮮の歴史を研究して見れば直ぐ分る。五百年前に、朝鮮政府が宗教を禁じて、寺を建てることをゆるさない。宗教の儀式を許さない。その時から、その政府は段々衰微して、遂にはその独立を失い、国民としては、その時から段々と堕落して、遂に絶望の淵に陥ってしまった」、と。国家の盛衰興亡が、宗教のそれに原因するということは、歴史の明らかに証明するところで、ここで事々しく論ずる必要はない。宗教を禁制する国民、宗教を虐待する国民は滅び、いわゆる徹底した宗教を重んずる国民は栄えるのである。ゆえに一個人においても、一国家においても、そういう宗教が無ければならないのである。それであるから、私はこの徹底した絶対の宗教の力によって、はじめて東西文化の融合が出来ると深く信ずるのである。

おわりに臨み、皆さんにお願いしたいことがある。私がアメリカに帰ったときに、私の仕事は、日本を紹介することである。日本の文化、宗教、哲学、国体等を、誤りなく紹介するのが私の使命である。日米の親善を図り、平和のために働くのが、私の目的であると、深く信ずるのである。それであるから、日本にいらっしゃる皆さんが、どうかそういうような使命を感じて――あなた方のような、学問を十分に修めて、また将来有望である――皆さんが、もしわれわれとその使命を同じくせられるならば、確かに将来の永遠の平和のために、有力なる運動ができると深く信ずるのである。だから、東西の分離を忘れ、日本人であることを忘れ、白人であるということを忘れて、一段高い、人種以上の絶対の宗教の状態、徹底した宗教の状態に向上していただきたいのである。

以上申し上げたことは、言葉足らず、前後整わない話であるが、私の平素感じていることを申し上げた次第である。

（「ともがき」一五号、一九二八年）

2　聖別された女性の使命

バーサ・F・クローソン

Bertha Fidelia Clawson　一八六八年カンザス州ストローン生れ。インディアナ州アンゴラのトライ州立師範大学を卒業して教師となる。アンゴラ・キリスト教会のメドバリー牧師の導きを受け、同教会より派遣された宣教師として九八（明治三一）年日本に到着した。秋田教会、大阪川口伝道所で宣教した。一九〇三年休暇のため帰米した際、外国クリスチャン伝道協会のアーチボルド・マクレーン会長から、日本に女子聖書学校を創立するに当り校長となることを依頼された。一九〇五（明治三八）年築地において女子聖学院が開校し、その初代院長となった。一九〇七年、滝野川の新校舎に移った。一九〇八年、神学部のほかに普通学部が置かれ一三年には上級のコースとして家政学部、翌年には音楽部を置くなど現在の短期大学、大学につながる制度が置かれている。一九二四（大正一三）年、院長の職を、平井庸吉教頭に譲り勇退し、女子聖学院名誉院長となった。

一九五七年、カリフォルニア、クリスチャンホームで召天した。「女子聖学院を神の御手にゆだねる」とは学院五十周年に送ったメッセージである。

女性の時代

今の時代はまさに女性の時代と言ってもよい程で、学問があり、修養を積み、向上の精神の富める女性がすべての事業や、すべての活動の舞台に表われ、男性と等しくその職務をつくすようになった。欧米などでは女性は教育に従事するばかりでなく、法律や医学を修め、銀行、会社、工場のことにあたり、官吏となっている者もいるから、まず社会のすべての事業に女性が従事していると言ってよい。またその職務に対しても男性に劣らず仕事をしている。

先日、私は女子高等師範学校を参観したが、この国でも女性が幼稚園や小学校の教育に関係するばかりでなく、数学、理科、文学、博物など専門の学科を修めて高等教育に従事する女子を養成する設備がそなわっていて、そこで、将来日本の一大勢と国民を指導すべき多くの女性の方々が熱心に勉強しているのを見て、実に喜びに堪えなかった。

キリスト教教育が必要

このように多くの生徒たちが、将来日本の高等教育に従事する教師となるためにそれぞれ専門の学術を研究していることは誠に喜ばしいことでありますが、私たちが教師の中の教師とあがめ、理想の教師と尊んでこれにならうように務めている生ける感化力に富めるイエス・キリストのことが教えられていないことは、実に物足りない感に打たれた。同校には私たちと同じ信仰の先生が四人程いて、日毎に接する多くの生徒に、静かに言わず語らずの間に大きな感化を与えておられた。しかし、これら多くの生徒の心霊を導くべき人類の模範、すべての人の理想であるキリストがまだ直接に教えられていないことは実に物足りないことである。もしこの学校の一部に新しい一科として、それが加えられて、卒業の後は日本国の教化のために力をつくし、罪悪の淵に沈み迷信と無知の境に迷える幾百万の姉妹たちを救うために身を捧げる方を出すようになるなら、どれほど日本のためになるだろうか。私はこの一科が加えられるためには、命のある限りつくすことを喜んでいる。

それから私を案内された方も「もし将来教育界なり、そのほかの事業において勢力あるキリスト信徒の女性を出そうとするなら、ぜひとも高等師範と同等か、それ以上の学校の設立が必要で、各伝道会社別々ではなかなか政府の建てている学校に劣らないようなものを建てることはむずかしいから、各学校が同盟してそういう学校を建てる必要があります。殊にその学校で女性の医者や看護婦を養成し、教養と学力とにおいて十分な伝道者を養成することはわが国のために最も幸なことで、また一大急務です」と言われた。

日本において伝道している宣教師や伝道会社はみな、この国で有力な伝道者やその外の者を養成する教育事業が必要であることを認め、着々とその計画を進めているので、いずれこの数年を出ないうちに実行される日が来るであろう。ここにご列席の姉妹たちもこの学校が一日も早く出来るように心を止められ、お祈りくださるよう、またお力をつくされるように願う。ことにこのことのために尽力しておられる人々のためにも熱心にお祈りいただきたい。

家庭での大いなる使命

さて、学校さえ出来ればそれでよいのではない。何時も神のためにつくすべき大いなる働きのあることを忘れてはならない。キリスト信者として聖別されたものは、その身分のいかんにかかわらず、直接伝道している宣教師、婦人伝道師にかかわらず、あるいは母である方、妻である方、娘であるにかかわらず、また年配の者、若者にかかわらず、日毎に接する人々の霊を救う大いなる使命があることを一刻も忘れてはならない。神さまのお送りなされた、たった一人の霊でも全世界より貴いものはない。キリストは、「たとえ人が全世界をもうけても、自分の命を損したら、なんの得になろうか。また、人はどんな代価を払って、その命を買いもどすことができようか」（マタイ一六・二六）と言われた。一人の霊は、世界中のすべての富よりも貴きもので、一人の霊を救うことは神の前で大いなる事業である。もし一人の霊を救うことが一大事業であるなら、なぜ自分にとって親しく、また自分が愛している人を救の道に入れることに力を尽さないのであろうか。

教会の熱心な信者で役員をもしておられる方の奥様がまだ信者でないので、いつだったか、私の学校のある先生に、「なぜあの方は奥さんを信者とするために力を用いられないのですか」とたずねたところ、「先生、日本では自分の家の者に伝道するのがむずかしいのです」と言われた。なぜむずかしいのであろうか。家の者に伝道するのは恥ずかしいのであろうか。もし私が母なり妻なりの境遇にあるとすれば、その子供たちや夫が信者とならないなら、道を信じて救いに入るまでは、自分でつくせるだけの方法や手段を尽して導くようにしなければ夜も昼も一刻も安心ではない。家族の霊は、実に私にとっては貴く、これを失うようなことはとてもできないので、これが自分の家庭における神から与えられた自分の使命と感じるのである。皆さんはいかがであろうか、審判の日に自分の霊は救われるが、自分の愛している父母なり兄弟姉妹なり夫なりが自分の怠りから滅亡に入るのを見るのは、悲しい、残念なことではないだろうか。キリストを信じる母である方々、妻である方々、人の子女である方々、家族の方々の霊には、無関係である、自分の力には及ばない、というような考えを持たないで、家に一人でもまだ救われない方があるなら、そのためには、すべての方法を尽し精神を尽して、救わなければならない。それまでは一刻も安心は出来ないという位にご尽力くださるように、おすすめしたい。それが家族に対して、神より与えられた私たちの使命である。

学校における大いなる使命

学校で無邪気な清らかな心の生徒を教えておられる教師の方々、私たちはその生徒が精神的に発達しているというばかりで安心していられるだろうか。この生徒一人ひとりの霊は、神の御前において大なる価値ある貴いものであると心より認めているだろうか。私たちが導き感化し得る生徒各々の霊が救われるよう、益々向上するよう熱心に求め、どこまでも愛してやまない程の心を持ちたいものである。生徒が卒業して学校を出るまでには、必ずキリストに導き、その救いに入れるように生徒各々のために全身全力で尽すことをわが校の定めと致したいものである。これが生徒たちに対する私たちの使命である。

まだ信者でない先生方は、この国において高き位置におられるだけにその行為は大いに社会に関係があることから、キリストを信ずると信じないとではまた非常に大きな違いを生ずるのである。私たち日々主を信ずるものは、恥じない行いをもって、また信者である芳《かぐわ》しさ、ゆかしさ、温かい力ある心をもって、その方々に交わり、ついに主の救いに導きたいものである。これがその方々に対する私たちの使命である。

キリスト教の学校に学ばれる生徒の方々、皆さんにも使命がある。まだ信者とならない同窓のお友だちに対しての使命あることを忘れてはならない。皆さんが不思議の友と信じているキリストを、同じ学びの友に話すことを恐れるには及ばないので、何時の日か同じ学びの庭より放れる時がくるが、それまでに主に導くことをしなければ、あるいは全くその機会を失うことがあるかも知れないのである。こう考えると皆さんの責任は大きいのである。この責任を尽すことは一日も忘れてはならない。

婦人伝道師の方々、牧師の奥様の方々、教会学校の諸先生、それぞれの地で主の働きに関係しておられる宣教師の方々、私たちはキリストを信じないで滅びようとしている自分たちの周囲の人々の霊を、救うためになすべきだけの熱心を持って尽しているだろうか。世の人は私たちを評して「報酬を受けているから働くので、あれをするのが彼らの仕事です」と言っているのをときどき聞くが、その言葉は私たちを穿《うが》っていないだろうか、その評せられる通りではないだろうか、私はその言葉がときどき当たっているのではないかと思うことがある。時として、自分がまことに働きを愛するためでなく、また周囲の者の霊の救いを熱望するためでもなく、ただしなければならないから仕方なく働いているようなことがあるが、これは神さまの喜ばれることではなく、神さまはそのような働きには祝福をくださらない。

収穫の時

眼を挙げて見るなら、田畑は色づいて収穫者を待っている。収穫するものは多くあるが刈り手は少ない感じがする。収穫する者の主にその園になお多くの刈り手を送るよう祈るべきであろう。晴れわたる秋の日和のよき時節に幾千となく多くの人は東より西より南より北より東京見物に来る。その人たちの多くはまだキリストを知らない人たちであるが、これらの人たちに対する私たちの責任、私たちの使命は何であろうか。私たち各々の心に問えば必ずその答えを得るので、まだ救われない人の霊が沢山あることを思うなら、伝道の必要を強く感じ、私たちは振い立たずにはおられないのではないか。

天高く空気清らかなる秋の時節は、各々に与えられた働きに新しい勇気を持って取り組むべき時と思う。この秋こそ一年中の外の時よりも多く教会学校や少女会や婦人会を開き、それを利用し、それらを通じて多くの霊を導く働きをなす時である。秋は穀物を刈り入れ、来るべき長い寒い冬ごもりの用意をする時であるように、霊のためにも大いなる収穫をなすべき時である。私たちの周囲にはまだ主のために収穫していない垂穂はたくさんある。私たちはこれを顧みないで、その滅び行くままにしておいてよいだろうか。主の命じておられるように鎌を入れて刈り取るべきではないか。また収穫ということは一方から見ると世の終りの意味であるが、世の終りに近づいていることを理解しない人が、私たち信者の中にも、また信じない人の中にも多くある。それについても一刻も猶予せずに急いで救いのために働かなければならない。

聖別された姉妹たち、前に申し上げたようにあなたがた各々には、神さまより堅き使命が与えられている。この使命を果すことを恥じないよう、キリストのためによき言葉を宣べ伝えることを恐れないようにおすすめしたい。神さまの御前においては一人の霊がいかに貴きかを覚え、まだ救われない多くの霊があることを悟り、各々に大いなる責任があることを知り、「あなたがたは行って、すべての国民を弟子として、父と子と聖霊との名によって、彼らにバプテスマを施し、あなたがたに命じておいたいっさいのことを守るように教えよ」（マタイ二八・一九）との主のご命令に服従し、各々に与えられた使命を果すために全身全霊、全力を尽して働きたいものである。

（「婦人新報」一八五号、一九一二年十一月）

3　五つの教育方針――わたしの希望

平井　庸吉

一八七一（明治四）年明石に生れる。同志社や早大の前身東京専門学校に学んだ。受洗後、ガイ博士、マーシャル博士の指導により伝道師となる。牛込、大阪谷町、安治川、天王寺の各教会で牧会にあたった。

一九〇七年、クローソン院長の招きにより女子聖学院の幹事となるため上京、小石川教会の牧師を兼ねた。一一年同校教頭に就任、滝野川教会の牧師を兼ねた。一九二四年女子聖学院院長となった。二六年兼任の滝野川教会牧師を辞した。一九三二年から四〇年まで石川角次郎召天後の聖学院中学校校長を兼ねた。その他多くの要職を引継ぎ、ディサイプルス教会の重鎮的存在であった。

一九四〇（昭和一五）年聖学院中学校校長職は教頭の富永正が就任し、彼は戦時下の官憲圧迫の下にあって、女子聖学院院長としての重責に当った。戦争後の一九四六年ごろからしばしば病床に就き、四七年三月、七六年の生涯、を終え召天した。

自修、共同の精神を養う

わが国における女子教育の情勢は、近来著しく発達した。高等女学校だけでもその数二百に達し、一年に約一万人の卒業生を出している。その他官公立及び私立の各種学校の数は実に夥しいものであるが、概していえば千篇一律で、いわゆるオウム返し教育、詰込教育をやっている。学生は食傷している。自得する所がない。静かに涵養する余裕がない。学んだことが消化されていないという状態である。わが女子聖学院がこのような詰込教育、食傷教育の弊に陥らぬように、恒に注意したいものである。それにつけこの機会に、私の希望を述べて見たいと思う。

一、自修の精神を盛んにしたい。オウム返し教育、詰込教育が有害無益であることは改めて言う必要がない。おしなべて言えば今の教師は余り人が好過ぎる、親切過ぎる、世話を焼き過ぎる。なるべく学生を苦しめないようにする。これがよろしくない。自ら克苦勉励して得た知識でなくては価値は無い、自己のものとはならない。この学院においては事情の許す限り、自修の時を与えて、自分で研究し自得するようにしたい。学課も事情の許す限り、多であるよりはむしろ確、繁であるよりはむしろ精というようにしたい。とにかく自修の精神を鼓吹することが肝要である。

二、自治自頼《じちじらい》の気象を養うこと。日本女子に最も欠乏しているものはこの気象である。他人に依頼せず、どこまでも自己に信頼するという気象を養いたい。これは神に信頼する敬虔の精神と矛盾するものでない。神は自ら助ける者を助け給う。元来教育の本旨は干渉の減退、自由の増進である。なるべく自由を与え、自己のことは自己が始末する習慣を養い、自治独立の気象を盛んにすることは最も肝要と思う。それにつけても学生をして自己の人格の尊厳なることを知らしめ、良心の声を重んじ、これに従うことを教えなければならない。

三、共同の精神を養うこと。独立自治の気象を養成すると同時に、学校全体を一家と見て、一般の利害関係に服従する美風を助長したい。学校は一大家族である。他と全く無関係でいることはできない。互いに感化し、また感化されつつある。一言一行が学校全体に善かれ悪しかれ影響を及ぼしている。学校という共同生活の中にある以上、自己の利益よりも全体の利益を重んじ、これに服従する美風を養うことは大切である。とかく日本人はひとりで淋しがっていたいという孤独的性癖がある。特に女子に強い。この性癖を打破して、快活な、無邪気な、晴ればれした気分と共同的精神を養成したい。

四、学生互に練磨する気風を盛んにしたい。人の生活の大部分は朋友との関係である。そして、朋友なるものは多く同窓の間に得られるのである。多数の学生を一個所に集めて教育することは、ややもすれば機械的となる弊があるが、しかし多数ということはそれ自身一大勢力である。精神的大刺激となる。指導者その人を得たならば驚くべき効力を現わすものである。また多くの学生の中には天才もある、良材もある。相互に練磨するにも、朋友を選ぶにも最もよき機会となるのである。かつ学生が互いに善意の忠告をなし、善意の競争をすることは知徳練磨の一大要素である。

霊育の必要

五、霊育に最も重きを置きたい。学校内に敬虔な空気の充満して、学生は無意識に霊気を呼吸するようにしたいものである。世間では霊育に注意している学校は、実に寥々《りょうりょう》たるものである。女子聖学院存在の理由は確かにここにあると信ずる。近来教育家が一般に宗教の必要を認め、宗教に態度を改むるに至ったのは喜ぶべきことである。明治の歴史に一大失策があるとするならば、それは教育から宗教を排斥したことであろう。宗教なき教育に生命はない。宗教を離れた修身道徳に力はない。これは教育者が多年実験したところである。もちろんただ学生の前に説教をなし、経典の講義をしたからといって、それで霊育が出来るとは思われない。教師その人の人格が生ける宗教であって、いわず語らずのうちに自然に善い感化を与え、遊戯の際に、雑談の間に、自然に無意識に与える感化こそ真の霊育となるのである。ここにお互いに注意して深く自らを養い、他校において見ることの出来ない霊育の効果を現わしたいと思う。わが国の女子教育界は確かにこれを要求していると信ずる。

広壮なる校舎といい、清浄なる敷地といい、純潔なる空気といい、知徳を磨き、敬虔なる情念を養うには最も適した所である。この点において、他の多くの女学校に比して一頭地をぬきんでている。このような好位置を占めながら、世間普通の学校と同じ流儀の教育を施して満足するならば、天の恩恵に背くというものである。同様に深くここに注意したいと思う。（談話筆記）

（「予が希望」、「ともがき」一号、一九一四年三月）

4　神と人とに奉仕する——創立満四十年記念日を迎えて

富永　正

一八九九（明治三二）年仙台生れ。聖学院神学校の合流より、一九二五（大正一四）年青山学院神学部を卒業。玉出教会、秋田教会の牧師となる。一九二七（昭和二年）年渡米、テキサス・クリスチャン大学、イェール大学、同大学院に学ぶ。一九三二（昭和七）年帰国後、聖学院中学校、青山学院神学部で教える。一九三四年聖学院中学校教頭、一九四〇年三月聖学院中学校校長となる。教育制度六・三制実施により聖学院中学校、同高等学校校長として新制度下の教育界に活躍した。

一九五〇（昭和二五）年三月辞職、奈良女子大学教授となる。定年後同大図書館長、帝塚山女子短大教授を勤める。一九六六年召天。

わが聖学院中学校は明治三十九年九月に開校されたのであって、本年をもって満四十年となる。ここに四十周年の記念式典を催すにあたり、われらはまず世の変遷の中に、わが校を護り、今日この光栄をもたせてくださった神に対して心よりの感謝をささげたいと思う。同時に、創立以来本校のためにご尽力くださった諸先生方に対し、またうるわしい伝統を築き上げてわれらに伝えてくれた卒業生諸兄に対し、また学校を後援し今日の発展を可能ならしめてくださった内外の校友各位に対し、心よりの感謝をあらわすものである。

開校当時は生徒数はわずかに十七名を数えるのみであった。その後卒業生を世に送り出すこと三十八回、多くの有為の人材をわれらの校門より送り得たことは、わが校の光栄とするところであり、ただ今、在校生八百六十余名を有し、潑刺《はつらつ》たる若人を教育し新日本の建設に尽力している次第である。

聖学院創立の頃

わが聖学院中学校はアメリカのデサイプルス教会の外国伝道協会によって設立されたのであり、創立に力をつくされたのはH・H・ガイ博士であった。ガイ博士は宣教師として明治二十六年に日本に来朝されたが、日本の教化のためには教育事業の大切であることを痛感せられ、第一回の休暇でアメリカに帰られた際、熱心に伝道協会の本部に対して、そのことを訴えられ、各地の有志の間を遊説されて、資金の獲得に努められた。幸に博士の卒業せられたドレーク大学の創立者であり、アイオワ州の知事であったフランセス・M・ドレーク氏などが主として、このことに共鳴され、また、その他の友人の尽力によって予定の資金を得ることが出来た。ガイ博士が聖学院創立の志をいだいて再び来朝されたのが明治三十五年であり、翌三十六年、聖学院神学校を創立し、その年、現在の敷地を購入し校舎を建設したのである。三十七年には聖学院英語学校、三十九年には中学校が創設された。中学校は神学校より三年おくれて創立されたのであるが、ガイ博士は最初から中学校設立の志をいだかれていたのである。

初代の校長には石川角次郎先生が就任された。石川先生は最初から聖学院の設立のことにあずかり、学習院教授の要職を去られて、専心ことに当たられたのである。「聖学院」の名づけ親の主なる一人は石川先生であり、聖学院とは「聖なる学院」ではなくして「聖学の院」の意であって「聖学」とは聖人の教えを学ぶばかりでなく、学んで聖人となるという意味であると教えてくださったのである。

わが聖学院中学校はこのようにして、明治三十九年の秋、ガイ博士、石川先生の大きな歓びと期待の中にわずかに十七名の生徒をもって開校式を迎えたのである。以来ここに四十年、この盛大な記念式が催されている有様を在天の両先生はご覧になっていてくださることと思う。

キリスト教精神による教育

明治三十九年と言えば、日露戦争の直後であり、戦争にわが国は勝利を得たとはいっても戦後経営の各方面を実際に反省してみる時に、色々な問題がひそんでいたのである。このような時にキリスト教教育を提唱することは必ずしも容易でなかったのである。しかし、ガイ博士、石川先生は、確固たる信念をもって、キリスト教精神によらなければ、教育の本旨は遂げられないと確信されておられたのであり、キリスト教精神によってこそ、わが光輝ある国体の精華が発揮されるのであって、キリスト教精神をもった人々によって日本は救われるのであるという、大きな理想をもって聖学院中学校は創められたのである。

今や終戦後一年、過去一切の過ちと失敗の跡を反省して、新しい日本の建設への第一歩を踏み出しつつあることを思う時、四十年前、日露戦争後も幾多の問題があったが、事情こそ違え、今これに数十倍する困難な問題が国の内外に山積しているのである。新憲法のもつ理想は、まことに広遠であり、この精神を完全に実現するためには、人格の尊厳が理解せられ、全人類に共通する道義的大秩序の存在があきらかに認められなければならない。戦争を放棄して国際間に光栄ある地位を占めるためには、道義と文化とを高め、神と人とに奉仕する有為な青少年が輩出しなければならない。それゆえ今日ほど教育に期待せられている時はない。キリスト教精神を体し、国をうれえる赤誠をもって難局にあたる人がいなければならない。私たちはガイ博士、石川先生によって、ここに示された高い精神を身にうけつぐことを念願としている。祖国の新建設のために、聖学院中学校が創立の精神をもって、もっともよきご奉仕をなさんことを心から祈るものである。私たちはここに誓いを新たにして、この伝統を護り、いよいよさかんにすることを期するものである。

（「創立満四拾周年記念日を迎えて」、「聖中学報」十八号、一九四七年）

5　人間尊重の精神による教育

小田　信人

一八九六（明治二九）年山形県飽海《あくみ》郡日向村に生れる。酒田商業を卒業し、小学校教員をした後、聖学院神学校に学んだ。土崎伝道所（秋田県）で伝道をし、さらに研鑽を深めるため、アメリカのテキサス・クリスチャン大学、太平洋神学校に留学。

帰国後、聖学院教会牧師に就任し、聖学院中学校英語教諭、女子聖学院教頭をつとめ、一九四七年、平井庸吉院長の跡を継いで、第三代女子聖学院院長に就任。戦後の日本教育界で目ざましい働きをされた。

一九六七年、女子聖学院短期大学の開設とともに学長に就任し、一九七九年には、学校法人聖学院理事長に就任し、男女聖学院を一体化した、オール聖学院を強調するなど、一九八五年、八九歳で天に召されるまで、その生涯を聖学院教育に献げ尽された。

ほめること　しかること

今は故人となられた前の聖学院中学校校長石川角次郎先生が、いつか語られた次のような言葉を最近よく私は思い出す。

「子供に対し真によい親になろうと思うならば、親自身が先ず神に信頼し、神に服従する信仰者にならねばならない。親が神に対して真心から心服した生活を営むならば、子供は自然に親に信頼し、服従するものである。子供を叱る叱言も、親が自己の意志や親の権威で子供を抑えつけようとする時、それは失敗であるが、神の意志に従い、親も子も神の権威の前に畏れかしこむ態度で子供を教え導く時、子供は素直に親の言うことをきくものである」。

これは私が学生時代に聞いたことで、言葉も直接な引照とは言えないが、右のような意味であったことは、脳裡にはっきり残っている。そしてこれは先生の体験から出た言葉であろうと感じたので印象も深いのである。

宗教的な信仰を持つものにしてはじめて、子供に真によく叱ることも出来るとは、石川先生の信念であられたが、考えて見るに　有効に叱るということは実に容易なことではない。

賞《ほ》めることと叱ることなしに教育は出来ない。いかに賞《ほ》め、いかに叱るか。ちがう言葉でいえば、いかに奨励し、いかに抑えるかを心得るならば、教育者として親として成功する。叱ることを知らず甘やかして愛する子供を不良に落とすものもあれば、余りに厳格に叱りすぎて、その子を不良児にしてしまう親もある。中学生時代に英語の先生に賞《ほ》められたことから、英語に興味を持ち出して、遂に英語の先生になった例も少くないし、先生に叱られたために、英語という学問が仇のようになった例もある。このように一つの賞詞や叱言が、人の一生の運命を支配する場合もあり得るのであって、考えれば恐ろしいことである。

賞《ほ》めること、叱ることはよい。しかし、これによって、しばしば、子供なり生徒なりの心に、人に賞められるために行為し、叱られないためには行わないという考えを起させ、周囲の人々の毀誉褒貶《きよほうへん》に心奪われ、いわゆる、名誉心の強い虚栄の者を生み出すことがあるが、それは由々《ゆゆ》しい失敗である。

信仰の土台に立った教育

この欠陥を救うものは、信仰的土台に立った教育の外はない。目に見えざる絶対の存在である神を信じ、仕え、その絶対の権威に服するという信仰者の態度、「人を相手とせず、天を相手とせよ」との心構えが親なり教育者なりにあるならば、子供をそのような誤診から充分救い、パウロのいう「人を喜ばそうとせず神を喜ばせなさい」（ガラテヤ一・一〇参照）と欲して行動する信念の人を作り出すであろう。

もとより宗教的信仰というものは、ある知識を教えるように教えることの出来るものではない。以心伝心、霊の感化によって、魂が開かれた時、体験されるべきものであるから、言葉によるよりも、態度によって伝えられるものである。

学校には聖書の科目があって、一週一時間ずつ勉強することになっている。聖書の中の物語、教訓、人物、思想について、学ぶのであるが、聖書科をもって信仰を教えるものではない。もちろん、聖書を神の言葉として受け入れる教師の厳粛なる信仰態度が、知らず知らずの間に教えられる者に、何ものかを与えるであろうことはいうまでもない。

ここで忘れてならないことは信仰を伝え、与え得るのは学科のゆえでなく、教師の信仰のゆえであるということである。聖書の知識をいかに巧に教えても信仰を植えつけ得るとは限らない。かえって逆結果を生む場合もある。いかなる学科を教えるにしても教師に信仰があり、信念の人であるならば、その精神と生活態度とは、生徒を感化せずにはおかない。それゆえにあらゆる学科を通して、宗教的感化を与え、信仰を伝えるものと考えるべきであって、これがまた各教師の重大な責任である。

全人格の総合である教育

まことに教育は家庭教育といわず、全人格の陶冶《とうや》を意図して行われなければならない。知的向上を目的としない教育はない。肉体的発達と体位の向上を無視した教育は無論誤りである。また感情の発達、芸術心の練磨をはからなければならない。また実力を養う意志の教育が大切である。

考えるに、アリストテレスよりヒュームに至るまで私たちに教えた古い心理学は、肉体と精神、また知と情と意というように、それぞれ、個々の存在のように見なした傾向を備えていた。すなわち一種のアトミズムであったが、現代においては最早このようには考えられていない。ディルタイの心理学にしても、ゲシュタルトの心理学にしても、全体として人を見ることを教える。肉体と精神とは不分のものである。知と情と意とは分離することの出来ないものである。従って知だけの教育はなく、感情だけの教育はない。知的教育は同時に感情教育であり。意志教育でもある。体操科は肉体だけの教育でなく、知的、情的教育でもあることは言をまたない。すなわち今日の教育は、全人格を統合的一として見る教育であり、全体主義の教育である。

そして、あらゆる分野の教育的労作はこの全人格の完成に資する努力である。それぞれの教育的努力が他に直接影響を与え、密接なる相互関係の上にある協同作業である。

それゆえに、この協同作業に完全な統一がなければならない。一分野の労作と他の分野の労作とが相矛盾したり、互に相傷つけ合ったりしてはならない。各部門の教育者は、常に人格の全体を念頭に入れて努力しなければならない。私が全体主義の教育と呼ぶのはこの意味においてである。ここでは民族的統一における全体主義をいってはいない。しかし民族主義的全体主義も、根本的な意味においてここまで掘りさげて思考されるべきものであろう。

さらに、ここに全人格の教育において最も重要な一点を忘れてはならない。それは魂の教育である。魂という言葉は、あるいは誤解を招くかも知れない。イエスが「人が全世界をもうけても、自分の命を損したら、なんの得になろうか」（マタイ一六・二六）という自己である。魂なる自己であって、人をして人たらしむる実在であり、真の意味において全人格の中枢である。この魂が人に生き甲斐を感ぜしめ、人生に真の価値を与えるところのものである。これが生活の中枢となり、あらゆる生活活動に結びつけられてその原動力となる。そして、この自己によって全人格は統一されるものである。これが宗教的信仰の上に立って、堅く神と結ばれるよう錬えられ、磨かれなければならない。この魂の教育がなって、はじめて全人格の教育が完きものとなるのであるから、われらの最も力をつくしてなさねばならない教育は、この魂の教育でなければならない。

（「ともがき」二六号、一九三八年）

Ⅲ　宣教師の働き

1　最初の宣教師たち――宣教百年とガルスト

秋山　操

一九〇一年、山口県下関市に生れる。大阪英語学校を卒業後、国際通信、新聞連合ロンドン特派員をへて、同盟通信社、外国経済部長などを歴任。戦後は時事通信社に移り、編集局長、監査役をつとめられた。

この間、日本のディサイプルス教会の歴史をまとめた大著『基督教会史』（一九七三年）、滝野川教会の歴史をつづった『滝野川教会七十五周年史』などを執筆された。ディサイプルス教会の歴史の生き字引的存在であった。一九九二年、召天。

今から百年前の明治十六年（一八八三）十月、米国「基督教会」ははじめて二家族の宣教師を日本に派遣してきた〈「基督教会」というのは、米国生れのプロテスタント教団としては最大で、原名は「クリスチャン・チャーチ（ディサイプルス・オブ・クライスト）」〉。

辺地の秋田へ

宣教師の一人は、ジョージ・T・スミス。国内で十年の牧会経験があり、当時四十歳、六歳になる娘があった。もう一人はチャールズ・E・ガルスト、陸軍士官学校出の大尉で一九一センチの巨漢、結婚後外国伝道に志したが、教職としての教育は受けていなかった。三十歳。

彼らは十月十九日横浜に着き、約七ヶ月日本語の勉強のかたわら、日本のどこに宣教すべきかについて研究、その結果他のいずれの教団も宣教師を送っていない辺地の秋田地方を選んだ。その頃、人口三千六百万の日本に百四十五人の宣教師がいたが、彼らは条約港ないし大都市の外国人居留地に集まっていたのである。

秋田は、鉄道の通じていなかった当時として全くの辺地であり、そのうえ冬は風雪が強く寒さがきびしい。そんな所の日本家屋に住むことについては、友人の宣教師の中にも反対する者や、男だけ行ってみるのはよいが、婦人までつれて行かないよう説得しようとする者が少くなかった。とにかく、医師は病弱なスミス夫人の同行には賛成しなかった。そのため同夫人と娘を残して、スミスとガルスト夫妻は料理人夫妻をつれ、明治十七年（一八八四）五月二十七日、三菱汽船「住の江丸」（船長はデンマーク人、一等航海士は英国人、機関士は米国人）で横浜を立ち、津軽海峡を回って五月三十日秋田の外港、土崎に着いた。

農村伝道の先駆

これに関し、後年一宣教師は著書の中で、「スミスとガルストは出来るだけ最大の善と最も英雄的な奉仕をしたいと考えて秋田という非常な遠隔地を選んだのであり、真の開拓者であった。その結果、条約港ないし首都からそんなに離れた所に行って住もうとしなかった他教団の宣教師たちも、次第にそれにならうようになった。そのことで、わがミッションは日本のキリスト教宣教の一般的前進に大きく寄与したといえよう」と指摘していた。

このように彼らはわが国における農村伝道の先駆者として高く評価されている。しかし教会の基礎、とくに経済的自給独立の基礎確立という点からすれば、彼らは最も困難な道を選んだといえよう。というのは、当時東北農村は日本の中でも最も貧しい地方であり、子女の人身売買も稀れでなかったからである。ガルストが後年社会経済問題に熱中するようになったのもこの貧困の現実にふれたためであろう。

わらじばきで伝道

秋田に着いた彼らは大きな日本家屋を借りて共に住み、スミスは主として秋田市内、若いガルストは県下や周辺地域を伝道して回った（スミス夫人は二ヶ月後着任したが、翌春、次女出産と共に淋しく異境の地で召された）。

伝道がいかに困難であったかについて、一宣教師は後年次のように書き残している。「スミスは最もはげしい反対にもめげず熱心に伝道した。その熱心さの故に、後からは投石され、前からは嘲笑を受けたものだ」。「ガルストは日本語が十分話せない時から聖書やトラクト（小冊子）のいっぱい入ったカバンを背負い、わらじばきで秋田県下その他各地を歩いて回り、それらを販売しながら伝道したものである」。

ガルスト夫人手記、"A West-Pointer in the Land of the Mikado"には次のような記述がある。

「個人生活について言えば、正直なところ、他の宣教師たちから遠く離れた辺地での孤独と欠乏の生活、絶えずその珍らしげにまつわる日本人の間での生活、のみ、蚊の多い日本家屋の生活は決して楽しいものではなかった。さらにわれわれの心を痛めたのは、人々の道徳心の低いことのほか、至る所に見る貧困家庭のことであった」。

ガルストは伝道のつど栄養不良の小児を見、一方粉ミルクが高いため、明治十八年（一八八五）の夏から乳牛を飼うことにした。その結果多くの子供や病人たちがガルスト家から栄養の補給を得られるようになった。後年この地方で伝道した一牧師によれば、「今日（昭和の初期）東北地方で山羊や乳牛が飼われ、その飼料としてクローバーが植えられるようになったのはガルスト先生が始められたものであった」。

山形県荘内地方へ　秋田着任四年後の明治二十一年（一八八八）夏、ガルストは新着任の宣教師をつれて山形県荘内平野の南部中心地、鶴岡へ転進した。しかしこの地方は仏教が盛んであり、外国人に対する反感が強かったので伝道は容易でなかった。

明治二十三年（一八九〇）ミッションの本部は首都におくべきであるということになり、スミスは同年秋東京に移ったが、ガルストは引続き鶴岡にとどまった。しかし折柄《おりから》の日本反動化の影響もあって、伝道はますます困難になり、二十四年九月休暇帰米するまでの三ヶ年余の間に洗礼を施し得た者はわずか七人に過ぎなかった。

ガルストは鶴岡着任の頃から「単税論」の研究を始め、それにより農村改革が出来ないものかと考えるようになった。単税（シングル・タックス）論というのは、土地は天よりのさずかりものであり、その土地を専有することだけで収入を挙げるのは不当だ、課税はこうした地主に対して行うべきだ、というものであった。地主が不当に高所得をあげ、小作農が極貧に追いやられている現実を、いやというほどに見せつけられて来た彼が、霊の救いだけでなく、貧困からの解放を真剣に考えるようになったとしても不思議でない。

「私の生涯が遺言だ」

明治二十五年末、スミスは伝道局に呼ばれて帰米し、二十六年九月米国から帰ったガルストは、こんどは東京駐在となり、監督的・巡回指導的任務についた。そして、その翌年彼は東北大伝道の旅に出たが、その際健康を害し、それから遂に回復することがなかった。

日清戦争後、日本資本主義の勃興とともに社会問題が注目されるようになり、片山潜など社会改革論者でガルストを訪れる者が多くなった。

三十一年（一八九八）夏彼は北海道へ、秋には他の宣教師をつれて福島、仙台地方、十一月下旬には茨城県太田町へ伝道に赴いたが、その時にかかった感冒がもとで、遂に十二月二十八日天に召された。四十六歳であった。同労の斉藤牧師が病床を訪ねた時「私は半生の微力を致したが、一つの独立教会を見ずして去るのが残念だ」と語ったといわれ、夫人が「何か遺言はありませんか」と尋ねたところ“My life is my message.”（私の生涯が私の遺言だ）と答えたという。

彼の長逝は政財界・宗教各界から惜しまれ、ある代議士は「氏はわれわれ日本人以上に日本を愛し、日本を〝わが国〟と呼んでいた」といい、神戸ヘラルド新聞は「氏のような熱実な人が、未だかつて一人としてこの国に渡来したことがない」と称賛した。

岩波小辞典『社会思想』には、次のように記述されている。「……彼は伝道のかたわら単税論、土地国有論について多数の論文を新聞雑誌に寄稿、さらに単行本を自費出版し、単税太郎と自称し、日本文字をよく書く。一八九八年十二月、議会における地租増徴案可決をよろこびつつ東京に死す」。墓は青山墓地にある。

（「宣教百年とガルスト」ディサイプルス教会日本宣教百年記念、一九八三年）

2　われらの基督教会

チャールズ・E・ガルスト

Charles Elias Garst 一八五三年、アメリカ・オハイオ州デイトンに生れる。ウェストポイント陸軍士官学校に学んだが、外国伝道を志し、外国クリスチャン伝道協会（ディサイプルス派）から派遣され、一八八三年、妻ローラ、ジョージ・T・スミス夫妻とともに来日。秋田、本荘、鶴岡など、東北各県で伝道活動をする。東北農民の貧困にふれ、H・ジョージの土地税制論の影響をうけ、単税論を主張し、日本の社会主義運動にも参画。伝道活動中にかかった感冒がもとで一八九八年、東京で召天した。

遺著『単税経済学』が、小川金治によって編さんされ、一八九九年経済雑誌社より発行された。

教会の土台

基督教会においては、いうまでもなく、キリストは教会の中心であり、また周囲でもあり、全体であって、教会は常にキリストに充ちていなければならない。われらの教会にあるのは、ちょうど家来がその君主のために身も魂もささげて、いつでも君の御馬前に、一命を惜しまず、喜んでつとめることをもって満足する信仰である。だからわれらがキリストを説く時には、「イエス・キリストは、きのうも、きょうも、いつまでも変わることがない」（ヘブル一三・八）という教会の活ける信仰になるのである。キリストは、万世にわたる人間の君である。

キリストが人間になし給う所の任《つとめ》は二つある。一つは大祭司として罪を贖《あがな》い給うこと、一つは君としてわれらの上に限りなき権威をとり給うことである。マタイ福音書にあるように、「この岩の上にわたしの教会を建てよう」（一六・一八）である。この岩というのはペテロではなくて、キリストは神さまの子だと信じる信仰を指したものと思う。

ゆえに教会なるものは、キリストの教会としてキリストの名のもとに満足しているべきもので、クリスチャン・チャーチといい、監督教会と言い、また浸礼教会というようなことは、いずれも聖書的でない。聖書に書いてないものは、われらは喜んで承知することはできない。のみならず教会はキリストの花嫁である。もとより外の名前をもって世にあらわれるべきものではない。これはまことに当然の道理と信ずる。あるいは、これを道徳上からみても聖書に基づいておこなう教会は、天父のみこころにかなう完全な理想的な「基督教会」になるだろうと思う。このことは主義としてはカトリックよりも古く、また、プロテスタントよりも新しいのである。

教会のはじまりは、キリストの復活後第一のペンテコステの祭日で、ところはエルサレムであった。またその時はじめて聖霊が十二人の弟子の上に降臨し、彼らは聖霊に満たされて、教えをひろめるために働き始めたのである。われらはいかに立派な理屈をこねても、聖書に基づかない時は、その説は神さまのみこころとしてとることは出来ない。たとえばローマ法王の綸言《りんげん》であっても、われらには少しの権威もないもので、一片の紙切れと同じである。いわんや人間の言葉や長老の言葉などはいうまでもないことである。

また教会の儀式も大切なことで、決してどうでもいいというような手軽なことではない。

教会の儀式

教会の儀式とは、すなわち、バプテスマ、聖晩餐及び主の日を守るということの三つのことである。バプテスマは新生をあらわす形であって、水の中にしずめるのでなければ、原語の意義にかなわない。むかしの弟子たちは日曜日ごとによく聖晩餐を守り、またこの日は復活の日であるので「主の日」と名づけて守った。

聖餐式にあずかる信者は、隣り人の心をはかる前に、まず自らを正し、過ぎ去りし罪を悔い改め、心をむなしくして主によりたのみつつ、信じて守るべきことと思う。

主の日、これは十戒中のいわゆる安息日ではなく、救い主の復活を主とする安息日である。ゆえに主の日とも、また復活日とも言う。この二つの名は生命を貴び、キリストを尊ぶところの名であって、いずれもまことに適当な名であるかと思う。

聖晩餐の式は、一家のこどもが父母の膝下で会食するように信者と教役者とを問わず、およそ主を信ずるものは、皆そのこどもの一人として守るべきことである。寂しい片田舎で、牧師もなく、伝道師もいない所であっても、信者がたった一人でも二人でも、怠ることなく、また憚《はば》かることなく守らなければならない。決してこれは教役者の設けるご馳走ではなく、主キリストの設け給うところのご馳走であって、至って小さい信者といえども、人を憚らずただ主をおそれつつ守るべきものである。教役者がいなければいないほど、かえってよく守ることが極めて大切であると思っている。

伝道のこと

キリスト教は、立派に哲学の上からも論ずることが出来る。しかしながら布教伝達のためには、哲学的論理的よりも、事実の証明と福音とを主として、信仰をひき起すようにしたい。事実に対して起る心が信仰である。だから教役者たるものは、聖書に基づいて、キリストの行った福音的事実をあかしすることにまさることはない。「論より証拠」ということわざは、一面の真理だと思われる。それゆえに旧約聖書も引き、ユダヤの歴史も、新約の聖典も、また教会の歴史をも引き、また地理学にかなう所の証拠をも立てて、歴史におけるキリストを、人をして信じさせてもらいたい。これが、すなわちまことの信仰であろうと思う。

一体全体、日本的なキリスト教が必要か、もしくはキリスト教的な日本が必要かということは、最も大切な問題である。現今行われているキリスト教はまだ不完全であって、この問題に適切な答えを与えていないことは、残念ながら、われらも承知している。しかしながら、使徒時代の教会の有様も、完全ということは出来ないので、出来ることならば、われらは聖書における理想的な教会を復興してみたいのである。われらは国柄に拘泥せず、弊害のない、円満な教会を建て、かつまた習慣と風俗とを問わず、精神の上ですべてのこと、キリストのみこころにかなうようにしたいという望みを持っているのである。けれどもわれらはその国のよい習慣や国粋までうちこわして、すべて外国の事物を輸入することは願わない。だから皇国の良俗良習から生まれた日本主義の必要性を認めないというのではないが、これと同時に、キリストの命じたもうところを、日本のために曲げることがあったならば、われらは主のみこころに背くものとして、断じてそれはいけないと信ずる。いわゆるキリスト教的な日本こそ、われらの標準とすべき所であろうと思う。われらはあくまでも聖書をかがみとして教会を建てたいのである。このような主義の働きは、束ばくのない、圧制のない、極めて自由な主義、活動の主義であることはアメリカの先例からしてみて明らかなことである。アメリカにおいてもこの主義を取る人は、すでに幾百万を数えるに至った。また、毎月一万人ずつふえ、一日に一つの会堂を建立するほどの勢いで進んでいる。

キリスト教の歴史において、中世は、ちょうど日本の江戸時代と同じように、種々の弊害があった。しかし、今日の事情とは異なる。政治の上で維新の必要なことは、誰も皆承知している。けれどもキリストを信じるものは、すべてその弊害を捨てて等しく主の名のもとに集まるならば、未曽有の勢力が出て来るだろうと思う。またヨハネ福音書の中に、「父よ、それは、あなたがわたしのうしろにおられ、わたしがあなたのうちにいるように、みんなの者が一つとなるためであります。すなわち、彼らをもわたしたちのうちにおらせるためであり、それによって、あなたがわたしをおつかわしになったことを世が知るためであります」(ヨハネ一七・二一)とある通り、世界中はキリストを主とするようになるだろうと、われらは考える。諸君、私はどうか諸君がこの主義をもって、ますますキリストの命じ給うつとめに尽力されるようにおすすめしたいのである。

(福島での年会における説教、「聖書之道」第一号、一八九八年)

3　女子聖学院の設立を訴える

アーチボルド・マクリーン

Archibald McLean 一八七五年、ディサイプルス派外国伝道機関の外国クリスチャン伝道協会が発足した時の書記がマクリーンである。九五年、書記として日本に視察のため派遣されている。この文章は一九〇四年(明治三七)発表されているが、前年の一九〇三年、バーサ・クローソンが休暇を得て帰国の際、アンゴラにいた彼女にあてて、マクリーン会長から「日本の女子の聖書学校を創設するに当り、校長としたい」旨の手紙が送られており、これを公式に表明したのがこの文章である。

一九二〇年、ディサイプルス派の婦人、外国、内国の伝道機関を統合して合同クリスチャン伝道協会(UCMS)を設立した際の初代会長となった。

女子のための学校

日本におけるわれわれの仕事で今最も急を要するものは、女子のためのキリスト教大学もしくはいろいろの分野で責任をとれる若い女性を養成する学校である。宣教師たちは、約二〇年間この種の学校の設立を嘆願し、すでに一〇年も前からその設立は約束されている。外国伝道協会は最近、この特別な目的のため、一九〇五年九月三〇日までに、二万ドルの醵金《きょきん》をすることを決議したのである。

日本における女子の学校は断じて必要である。男子のみを教育して、女子をなおざりにすることは最終目標を台無しにする。牧師、教師、宣教師が最善の仕事をし、またよい感化を及ぼそうとするならば、クリスチャンの妻を持つべきである。アメリカの女子教育に提案されるあらゆる議論は日本でも適用できる。日本にはこの種の学校を設立する特別緊急な地方的事情がある。

一、官立学校には入学を望んでも入る余地がない。日本での官立学校とはアメリカの公立学校にあたる。

二、官立学校の生徒はご真影を礼拝させられる。われわれのクリスチャンの少女たちに、そのような偶像崇拝をさせてはならない。

三、官立学校では有名な神社仏閣をよく参拝する。われわれのクリスチャンの少女たちも、官立学校へ行けば、異教の神々を礼拝するように教育される。

四、官立学校の教師はたいてい異教徒で、キリスト教をしばしば嘲笑する。

五、クリスチャンホームの子供は、しばしば非クリスチャンホームの子供に迫害される。教師がそれをそそのかすこともある。

六、他宗派の学校にわれわれの子女を入れることは、われわれの仕事にとって最善ではない。この点日本はアメリカより、明らかに、はるかに多くその理由がある。

クリスチャンの大　学

日本には女学校が一〇四校あり、三、二二九人がそこで教育を受けている。これらはミッションスクールとして知られ、全キリスト教界の宣教事業として創立され、支えられているのである。一例をあげれば、長崎のある女学校は二百人以上の女生徒がある。他にも、一五年前に五人の生徒で創始した学校が、現在は一二五名の在校生を持ち、全員から月謝を取っている例もある。これらの学校は、絶えず拡張充実し、日本救済に最も効果ある働きをしている。

この点われわれは、他宗派に比べて非常に不利なのである。立派な学校や大学を持つ彼等は、われわれには及ばない影響力を持っている。われわれは既に献身した女性が多数あり、彼女たちはすでに小学校を卒業し、職務のためのよりよい教育を切望している。日本におけるわれわれの事業は次第に大きく成長しつつあるが、学校を創めれば、より早く成長するであろう。われわれはこれを設立するだけの十分な能力ある国民である。

う。もしアメリカに、自分たちの娘を教育するクリスチャン大学がないとしたら、それは大変な時代遅れであろう。

この事業のために、セントルイス大会において、現金と予約を合せ約二千ドルが集った。その後も数百ドルが送られ、以来小額ながらほとんど毎日送金されている。われわれは最も早い時期に、どうしても二万ドルが必要であることを諸兄姉に訴える次第である。神は諸君の贈り物を祝福されるだろう。教育を受け献身した若い女性たちがやがて立ち上って、われわれの助けを祝福されるであろう。われらの大学が、将来、キリスト教勢力の中心となり、まだ生まれていない世代の人々に影響を与えるであろう。それは日本中にパン種として役立ち、宣教師たちの心を勇気づけ、日本のクリスチャンをも慰めることとなろう。今こそ大いなる機会というべきである。

（「ミッショナリー・インテリジェンサー」一九〇四年一二月号）

4　二人の婦人宣教師の死

小花　綾子

一九二九年女子聖学院、同三三年女子英学塾（現津田塾大学）卒業後、一九三六年より三六年間、母校女子聖学院にて教鞭をとる。その間四八年より二年間、米国のテキサス・クリスチャン大学に留学し宗教教育を専攻する。女子聖学院教頭を経て、一九六六年より七二年まで、中・高校長を勤める。現在、学校法人聖学院理事、滝野川教会責任役員。

1　スミス夫人のこと

最初の宣教師　スミス夫妻秋田へ

秋山操著『基督教会史』によると、概略次のような記事が載っている。

「一八八一年のディサイプルス大会は、できるだけ早く日本に宣教師団を送るよう伝道局に勧告した。伝道局は同八三年四月、ジョージ・T・スミスをシンシナチの本部に招き、その意志を確かめ、一週間後宣教師に任命した。ついで、ガルスト大尉夫妻がスミス夫妻とともに日本に行くことになった。

G・T・スミスは南北戦争に従軍して捕虜となったが、その後、ディサイプルス派のベサニー大学に学び、カナダ生まれのジョセフィン・ウッドと結婚、既に各地で一〇年間牧会に当っていた。彼の有能さが認めら

スミス夫人

スミス

れ、日本への最初の宣教師に任命されたのである。当時彼は四〇歳の働き盛りで、夫人と六歳になるエルシーという娘がいた。

一八八三年九月、スミス、ガルスト（スミスより一〇歳年下）夫妻は、サンフランシスコを出帆、三週間にわたる悪天候続きの太平洋の航海を終えて、やっと横浜港へ着いた。

七ヵ月間日本語の勉強をしながら、他教派の宣教師たちと相談の結果、日本の辺地ともいうべき久保田（秋田）を、伝道開始の場所として決めた。病弱なスミス夫人と娘を残し、翌年五月、海路、津軽海峡を通って、秋田の外港土崎に着いた。

一方横浜に残されたスミス夫人は、二カ月後の七月末に、長女エルシーを連れて、海路秋田にやって来た。幼い娘を連れ、しかも、妊娠二カ月という病弱なスミス夫人の一人旅の心細さは、想像に絶するものであった筈である」。

スミス夫人の宣教とその殉教の死

その後秋田に赴任したエルスキン宣教師は、『大日本における基督教会』（明治四二年刊行）の中で「スミス氏は秋田で最もはげしい反対にもめげず、熱心かつ真剣に伝道した。彼は熱心さの故に後からは投石され、前からは嘲笑されつつ、秋田の各地を伝道して回った」と書いている。当時の宣教が並大抵のものではなかったことがうかがい知れる。

このような夫君の伝道へのひたむきな姿を見ていたスミス夫人は、自分の健康が思わしくなかったにもかかわらず、編み物のクラスを開いたりして、地域の婦人たちに一生懸命伝道したという。その物静かで温和な性格や態度は、日本婦人の間によい印象と感化を与えた。しかし翌明治一八年二月頃から病床に伏すようになり、遂に三月二三日、次女を出産すると間もなく、天に召された。生まれた赤児も四週間足らずで母の後を追った。二人は、現在の秋田市の東北部の保戸野にある共同墓地に葬られた。筆者は一〇年前、秋田高陽教会でディサイプルス教会一〇〇年記念式典に列席した際、スミス夫人の墓に詣でた。その時は小田信人先生もご健在で、スミス、ガルストの話を伺い、墓前で記念撮影をしたのを思いおこす。

夫と共に日本伝道という大きな夢を描いて、さまざまの困難を乗り越えてやって来た彼女の日本滞在期間はわずか一年半。人間的に考えると、まことに痛ましい残念なことである。しかしこのような時に、神の力が働くものであることを次の事柄は証してくれる。

スミス夫人記念会堂の建設

スミス夫人の死は、ディサイプルス外国伝道協会における、最初の異国での殉教宣教師として、米国でも大きな感動を与えた。特にクリスチャン婦人伝道局（ディサイプルス派の一機関）では、スミス夫人記念会堂建設のためにと募金をし、一、二〇〇ドルを集め、翌明治一九年の秋に贈ってきた。ところが日本では、当時外国人が土地所有を認められない事情やその他さまざまな困難があって、会堂が完成したのは明治二二年のクリスマスだったという。そこで最初の集会としてクリスマスを催したところ、大人の他に三〇〇名にも上る子供が集まったという記録がある。そして

スミス夫人記念会堂

献堂式は、スミス夫人の召天五周年の、翌明治二三年三月、彼女の命日に行われた。

女子聖学院神学部の最初の一〇人の生徒の一人である田中まきさんと筆者は親交があって、この記念会堂について話を聞いた事がある。今でも印象に深く残っているのは、玄関上の高い窓に投石の跡が数ヶ所あったということであった。当時の宣教師たちが、このような迫害にもめげず文字通り命がけで、宣教の闘いを闘いぬいたことを知らされた。

2　ミス・パーカーのこと

パーカー女子聖学院へ

一九〇五年（明治三八年）一〇名の生徒で始められた女子聖学院は、二年後には、今の中里の地に美しい白亜の新校舎が建ち、寄宿舎も宣教師館もあって、いかにもスムーズに速やかに発展していったように響くが、実は大きな問題にぶつかっていた。それは一番肝心の生徒が予想通りには集まらないということであった。それで神学部だけでは続けられないと判断し、付設の女学校を設けたり、やがて家政学部を設置することになる。こんな時、宣教師ミス・パーカーが登場することになる。

ミス・パーカー

エディス・パーカーは一八七八年、米国ミズーリ州に生まれ、ミズーリ大学卒業後同校で教鞭をとっていたが、日本の女子教育と伝道に深い関心を持ち、創立後間もない女子聖学院へ、一九〇九年十一月に赴任する。女子聖学院の給料は、ミズーリ州立大学の三分の一にも及ばなかったということである。

家政学部創立者としてのパーカー

パーカーの創案により一九一一年、専門学校程度の小規模な家政科が始まるが、施設や教師陣の不備のため、学校としての成長を見ることなく終ってしまう。しかしパーカーは、本格的な家政科を始めたいという希望を決して捨てることをしなかった。一九一三年（大正二年）度は、女子聖学院にとって希望的転換期となった。その一は、かねて申請をしていた文部省からの指定校の許可がおりたこと。その二は、新しい家政学部がパーカーを中心にして有能な四教師を迎えて、息を吹き返したことであった。九月から普通学部に三名、家政学部に四名が転入し、在校生が五二名となり「女子聖学院の新しい生命と発展の基礎を与えた」と『女子聖学院五十年史』（村田百可編、一九五六年）は評価している。この数字は、創立三周年を迎えるアトランタの聖学院アトランタ国際学校（ＳＡＩＮＴＳ）の現状と似たもので、創始者の苦労を思わせるものである。

この頃パーカーの熱望が通じたかの如く、ディサイプルス派の外国伝道協会から、家政学部及び音楽部校舎建築費として一万六千円（その中一万円はＲ・Ａ・ロング氏より）が贈られて来た。それをもってパーカーは、日本で最初の完備した家政学部教室を建てたのである。当時の東京女高師（現お茶の水女子大学）の宮川教授が家政科の模範校と指定したと、クローソン報告は告げている。宮川教授は学生を引率してしばしば女子聖学院の家政科実習室を見学に来られたと、田村道（昭和二二〜三八年まで女子聖教頭）は語っていた。

この時に出来た割烹室は斬新でまことに行き届いた設備のもので、調理室の隣りには試食室があり、二つの部屋の間は、今のいわゆるハッチのような建て方になっていて、当時の日本としてはハイカラなものであったに違いないと、筆者も使わせてもらった卒業生の一人として思いおこす。この建物はパーカーの残してくれたものとして、長年使用され、一九七九年に到るまで多くの卒業生に親しまれたものである。

『女子聖学院五十年史』によると、一九一七年（大正六年）、キリスト教女子教育会（後に男子と一緒になり、今日のキリスト教学校教育同盟となる）の第五回大会が女子聖学院で行なわれ、二〇校から七〇名の出席者があり、「パーカー先生、橋本先生の指導の下に、〔家政科の生徒たちが、〕当校独特の妙技を発揮して、来会者一同のために中食の用意をした」とあるから、おそらくこの素晴らしい家政館を見学されたに違いないと思う。

宣教師としてのパーカー

パーカーは教育面ばかりでなく、本来宣教師であったから、伝道にも力を尽した。一九一四年（大正三年）、日本における各派の教会が、各派連合三ヵ年全国伝道を、三月から開始した。これは関東と関西の両部に分けて遂行され、関東の部長には植村正久が当たるという大がかりのもので、四月中、伝道は東京に集中され、街頭伝道、テント伝道、新聞伝道などが進められた。信徒大会には三千人、日曜学校大会には一万二千から四千人集まったという。なお三月から、上野の公園で大正博覧会が開かれたが、東京の諸教派は三月から四ヵ月間、特別伝道会を開いた。

この時、パーカーは、ディサイプルス派の担当した週間の伝道について、次のように報告している。「この週間は最も感動的なものであった。連合宣教師会は小さい建物をつくったが、一階には約一〇〇名の席があり、二階はもっと深く聞きたい人々の室になっていた。わが教会が担当した一週間には、一〇、三三二名の聴衆があり、二階に上がった求道者は二六三名であった。また一六万のトラクトを配布し、数百冊の新約聖書を売った。特別集会の前後には祈禱会が開かれ、われわれの教会の伝道心は、一層高められた」とある。この報告を通して、パーカーの、使命を果し得た喜びと感謝が伝わってくるように思われる。

講堂建築に没頭するパーカー

話を再び女子聖学院に戻そう。大正期に入って第一次世界大戦の影響を受け、物価騰貴に脅かせられた時もあったが、ようやく大正一〇年（一九二一年）には入学試験を行うまでの志願者を与えられるようになっていった。最初に建てた校舎（R・A・ロング氏の寄付による）も狭くなってきた頃、またまたロング氏より、校舎増築費として、七万五千ドル（約一五万円）の寄付申込を受けた。パーカーはこれより先、既に家政科部長の責任を女高師出身の橋本テイに譲っていたので、このロング氏の寄付による講堂、体育館、寄宿舎の新築という大事業に意欲を燃やすことになる。

家政学部と音楽部校舎

建築当時の寄宿舎
（1922年11月）

工事は一九二二年（大正一一年）七月から十一月にかけ、かなり短期間に集中的に行われた。パーカーの創案とW・M・ヴォーリズの設計によるもので、竹中組がこれを請負った。パーカーは炎暑をもいとわず、夏休みの軽井沢行（当時の宣教師たちは夏、軽井沢で会合を開いていた）も中止して、一一月末、全建築の竣工を見るまで、全精力を傾け、時間と体力の許す限り綿密に工事を監督指導した。*重責を果たしてパーカーは、極度に疲労した心身の休養をかねて十二月、同僚のレディアードと共に中国の教育及び伝道視察の旅に出かけた。

＊この建築の経緯については、一九二二年十一月の新聞に「人格者を養成するには理想的校舎が必要……と米国婦人の設計指導で改築された滝野川女子聖学院」という見出しで、ミス・パーカーの写真と校舎の写真とともにとりあげられていることが、最近わかった。この記事の中の、ミス・パーカーの談話は次のとおりである。

「私は日本に着くと同時に、この学校にまいりましたが、ご承知のとおり、ミッションスクールであるこの学校は、日本在来の女学校とは大部内容を異にしていますけれど、立派な人格者を作るというのが、第一の目的であります。しかしそれにはぜひ完全な校舎が必要です。ところが残念なことには、これまでの学校はまことに不完全な点が多く、欠陥だらけでありましたので、どうせ改築しなければならないものなら、一つ徹底的に理想的なものを建てたいと思いまして、多年の抱負もありますので、私自身で設計をしまして、ヴォーリズ氏にその建築工事を依頼したのでありましたが、洗浄式にしたものですから、意外に長くかかってしまいました。中でも講堂と運動場と寄宿舎の設計と、その設備の点においてどなたにお目にかけても恥ずかしくないという確信をもっております」。

筆者はこの講堂ができたばかりの一九二四年（大正一三年）に女子聖学院に入学した。長方形のステンドグラスの高い窓から入る光は、礼拝堂にえも言われぬ落着きと厳粛さを与えていたことを思い出す。この礼拝堂は昭和十一年に増改築されるが殆ど同じスタイルで、現在のチャペルが出来るまで五十年近く使われた。ただ、二階に当時のドッシリした木製のベンチが今でもいくつか残っている。

パーカーの死

『女子聖学院五十年史』によると「三学期が始まると間もなく『ミス・パーカー死去』という神戸からの電報は、全学院を突然悲しみのどん底に突き落とした。パーカーは中国の視察を終えて船が瀬戸内海に入った一月九日、急に発熱腹痛を催し、天然痘ということで、十二日入港後、直ちに避病院に入院、十三日夜半、熟睡のまま天に召された」とある。パーカーは家政学部創立の功労者であり、新講堂、体育館、寄宿舎の建築の大恩人でもあったので、彼女の突然の死は、女子聖学院関係者一同にとって大きなショックであった。

一月二二日、学院に遺骨を迎え、故人が命がけで造った、しかも完成したばかりの講堂で葬儀が行われたという。「働きながら死にたい」と生前囲りの者に言っていたといわれるが、まことにその言葉の如く天に召されたのであった。

葬儀の中で弔辞を述べた者の中に渡辺善太（聖学院神学校の教授の一人）がいた。その弔辞の一節をここに紹介する。

「故人は非常に強い個性の持ち主で、生命に充ちた人で、時には圧迫を感じる位の強さを持っていた。妥協とごまかしを許さず、接する人をして絶えずその人自身であらしめた。故人は機敏に物を観、正確に判断しかつ処理する能力を持っていた。それが美的方面に現れては優雅な趣味となり、宗教的方面に現われては、徹底的で厳粛であり、日本婦人に対しては、キリストにより神に在りて真の自己を見出すようにと常に願っていた」。

『女子聖学院五十年史』の著者は、これは「まことにミス・パーカーの面目を躍如たらしめている」と結んでいる。

Ⅳ　聖学院への思い

1　母校への感謝と希望

平塚　益徳

一九〇七（明治四〇）年東京小石川区に生まれる。一九二〇（大正九）年、聖学院中学校に入学、石川角次郎校長の下にあってその生涯の基盤を形づくった。
一九三一（昭和六）年東京帝大文学部教育学科を卒業、引続いて大学院において教育史を専攻、兼ねて青山学院神学部の講師となり、学究としての歩みを始めた。一九四〇年広島高師教授、四四年九州帝大教授となり、以来九州大学を中心に教育学界にあって活躍した。また一九五〇年以降、米英をはじめ欧米アジア諸国に出張、一九六〇年にはユネスコ本部教育局長に就任した。また六三年には国立教育研究所所長となり、七八年辞任後同研究所名誉所長の称号を与えられた。教育学の大学諸学会、社会教育、文部省関係、総理府青少年関係、ユネスコ関係の各部門にあって、重要な職務に任じその職責を果たした。母校を愛し、寸暇を割いて再々後輩のため講演を行っている。
一九八一（昭和五六）年召天した。

われわれの母校聖中は、今秋いよいよ創立満三十周年の祝典の日を迎えることとなったという。まことに意義深いことと言わなければならない。人生「三十而立」というが、母校がこの記念すべき秋において、新に陣容を整えて、更に一段と躍進を試みようとして種々計画しつつあることは、いよいよ賀《よろこ》ぶべきことでなければならない。筆者は今この慶賀すべき秋に際し、求められるままに母校への感謝と希望の一端を次に申し述べさせていただき、祝辞に代えさせていただくことにする。

キリスト教に対する反対

そもそもわが聖中初代の校長、故石川角次郎先生が、聖なる大理想の下に滝野川の静閑の地を選定して母校を創立せられた時（明治三十九年）は、わが国内情勢は必ずしも先生の聖業に対して順風を送っていたとは言い得なかったのである。筆者は、最近わが国キリスト教主義学校――いうまでもなくわれわれの母校聖中もその一つである――の歴史について多少の研究調査をなしたものであるが、現在のキリスト教主義学校の大半は、その設立の年を明治二十二、三年以前の時代に置いている。このことは、実はわが国教育史上興味ある問題を提起しているのであるが、われわれはここでそれらについて云々《うんぬん》しようとは思わない。ただここであくまで明らかにしておかなければならないことは、明治二十二、三年以後において何故にキリスト教主義学校の設立が少なかったかということである。何とならばこの点を明らかにしておけば、わが聖中創立当時の石川先生の神より賜った尊いご事業が、いかに大いなる犠牲と苦心の下になされたものであるかが解し得られるからである。

ところで、設立の少なかった理由であるが、それは一言でいえば、国粋主義が盛んで、当時欧米臭いまたは欧米風のものと頭からきめてかかられていたキリスト教一般に対して、反対的な雰囲気が極めて濃厚であったからである。このことは、われわれの立場から言えば、実におかしいことがあるが、しかし明治二十年前後のキリスト教界は確かにわれわれが国民にこのような誤解を与えるような種を数々播き散らしていたのであった。

キリスト教精神に基づく学校

こうした雰囲気の時、石川先生は男子のための学校を、キリスト教的精神に基づかせつつ経営して行こうとされたのである。したがって客観的情勢は先生の新事業にとって決して有利なものではなかったはずである。しかし先生のご信念は、真の日本人的自覚の下に信奉するキリスト教的精神に基づきつつ教育機関を運営することこそ、わが国家に奉仕する最善の道であったのであって、先生は、身をもってこの聖業に当たろうとされたのであった。先生は、われわれ教え子は誰でも知っているように常にわが国体の尊厳を説かれ、われわれの新な使命を強調しておられた。学習院教授として特に皇室に対する御精神を深めていらした先生は、あるいは修身の授業中、あるいは式日の訓話中において、さいさいわれわれの国民的自覚を促されたのであった。先生が二荒《ふたら》芳徳伯のことなどを再三お話になられていたこと等を記憶しているものは、筆者のみではないであろう。

筆者は石川先生に対して、したがってまた母校に対して、この点を大いに感激している。わが聖中はこの点で確かに特色ある校風を樹立していたのである。三大節その他の式典を極めて厳粛に行い——これはもちろん当然のことであるが——各学年の総代が各々壇下に直立して恭しく祝辞を奉読したことなど、今日思出しても極めて印象的である。筆者自身、一年生早々「瑞雲靉靆《ずいうんあいたい》」とか「旭旗翩翻《きょくきへんぽん》」とかいった恐ろしいいかめしい形容詞を取り交ぜて苦心の末祝辞を作ったことなどは——しかもその大部分は重複しない程度で兄の分から借用したものであったが——、とくに懐かしい思い出の一つとなっいる。

もちろん筆者も「ベリアン会」その他を通じて母校から受けた宗教教育に対して感謝しない訳ではないが、正直の所この点では今の筆者の立場からすればもっと徹底した訓練がなされて欲しかったと考えざるを得ない。先生方の中には「とんでもない！　あんなに手こずらせたくせに」とおっしゃる方もあるであろうが、この点は筆者の現在の偽らざる心境である。幸に筆者自身は他の特別な環境から信仰的方面の危機を高等学校時代に脱出し得たが、確かに当時の聖中には、教師団において更に一層大なる信仰の焔が燃え、学校全体に打って一丸となって迫る力となっていただきたかったと思う。もちろんこのことは望蜀《ぼうしょく》の要求であって、責むべきはわが身ではある。

しかし筆者はこの点で最近、特にこの二、三年の間にわが母校の教師団が信仰的にすすみ、また学的ににわかに強化されて、新なるリバイバルを校内に起こされつつあることを心より賀《よろこ》びたいのである。そしてこの喜ばしき現象は、正に来たるべき母校の一大発展に十分応じ得るものと思う。このことに考え及ぶ時、筆者は、新興の意気に燃える学校当局者が、石川先生が営々苦心の下に築かれた尊い伝統をいよいよ強化されると共に新しき時代の青年に、真に血となり肉となり得る学的並に霊的活力を十分与え得る学園たらしめ、もって世の期待に十分報いられると共にわれわれ卒業生に対しても「聖中の卒業生」たることを自覚することが常に尽きざる精進への刺戟剤となり得るものたらしめてくださるよう希望してやまない次第である。

（「聖中学報」三号、一九三六年）

2　思い出すまま

石川　清

一八九一（明治二四）年足利に生まれる。一九〇五年上京、伯父石川角次郎家に入り聖学院英語夜学校、聖学院中学校にあって親しく伯父角次郎の薫陶を受けた。

一九一八（大正七）年、東京帝大法科卒業後、住友総本店入社。それ以降経済界において活動し、日本電気取締役、日本海底電線取締役社長、日本大洋海底電線取締役社長等を歴任した。

一九四一（昭和一六）年、財団法人聖学院の理事に選任された。制度の改革により、一九五一年から学校法人聖学院となるに際し、理事長に選任され、法人全体の運営の責任をになった。一九六七年、女子聖学院短期大学設立にあたり、理事長のほか聖学院院長として教学の責任をも兼ねた。一九七九年八月、老年の故をもって理事長の職を辞した。著書に『伯父石川角次郎』、随筆『買いかぶられの記』等がある。一九八四年、召天。

聖学院中学の開校の頃

聖学院中学が開校したのは明治三十九年の九月第二学期からであったと記憶する。最初は二学年と一学年とだけが設けられ、生徒は二学年に七、八名、一学年に十名位入ったかと思う。何分、開校時期が悪かったので、生徒募集には困難を感じたことと察せられる。しかしながら、右の約二十名の最初の生徒の中に自分たち数名のグループを得たことは、故意か偶然か、とにかく母校に取って極めて有意義であった。この一団はいずれも滝野川高等小学校よりその春相率いて京北中学校に入学したのであるが、これより先、すでに現在の校舎が当時にあっては堂々たる新装を椎陵に現出し、そこには聖学院英語夜学校が立派な講師をそろえて華々しく存在していた。

試みにその顔触れを挙げると校長は故石川校長でそのほか現文理科大学教授石川林四郎、現第一高等学校長の森巻吉、現文理科大学教授神保格、臼川野上豊一郎、若月紫蘭、酒井勝軍等の諸氏に外国人数名であった。この英語夜学校に滝野川小学校在学中から通学し多くの大人の生徒に伍して勉強よりも腕白半分、あたかも自分たちの邸内でもあるかのように賑かに勝手に振舞ったわれらは、いよいよ中学の設立となるや当然のように転校したのである。自分は二学年に、寶田昌信、市来崎保、保坂三郎、保坂鏡一等の諸君は一学年にそれぞれ入学した。われらは前記のように聖学院とは特殊親密な関係にあり、かつ両保坂君のように土着の旧家の子弟ではなかったが、土地に定住せる相当家庭に属したせいもあって、一種の勢力とでもいうべき雰囲気をもち、従って次第に生徒増加に役立ったことと思われる。

これら若くして元気であった連中も有為の材を抱きながら不幸にも他界した者が多く、今日なお生存するのは、自分と保坂鏡一君くらいであろう。

聖中生のプライドをもって

生徒はその後次第に増したとは言っても、各学年十数名ないし二十数名で他の学校に比べればまことに少なく、この点ちょっとヒケ目を感じないわけには行かなかったが、しかも一方聖中生たるプライドを堅持した意気昂然たるものがあった。それはキリスト教的人格の陶冶《とうや》こそわが国体の精華を発揮せしむるゆえんなりとの確信の下に、われらを教育された故石川校長等の指導精神に基づくものであった。

われらはあくまでも元気であったが、したがってまたのん気でもあった。諸先生も同様にまた個人的特色ある方が多く、深い人格的感化を生徒に与えられたけれども、生徒の将来の動向に関する配慮という実際問題についてはやはり至極のん気であったように思われる。

生徒は少なかったが、運動など相当にやり野球も庭球も対外試合で相当の成績を挙げたようだ。自分も下手ながら庭球の選手として、ある時、当時中等運動界において相当名声のあった明治学院に戦を挑み、野球部と共に白金の敵陣へ出かけて行ってテニスは惨敗を喫したけれども、野球の方は美事に勝ったことがある。

歳月流れて早くもここに母校は三十周年を迎えることとなった。往時を顧みれば、茫として夢の如し。亭々として天を摩する老杉と椎の巨木に囲まれた美事な校庭、初夏は美しきつつじや山吹の花、恩師のこと、友の行方など、若き日の思い出はなつかしくも感慨無量である。

（「聖中学報」三号、一九三六年）

あとがき

十年前の一九八三年に、ディサイプルス派の日本宣教百年と聖学院開学八〇周年の記念行事が行われました。その時は小田信人理事長がご健在で、自ら陣頭指揮をとられ、学校と教会が協力してさまざまの行事がありました。旧ディサイプルスの教会と学校が協同しての催しは、戦後としては珍しい事でした。聖学院の真の発展と日本宣教のためという小田先生のヴィジョンから出たものでありました。

その時小田先生のご希望で刊行されたものに「先人の求むるところ」という小冊子がありました。本書はその改訂版ともいうべきもので、四分の一ばかり入れ替えて編集し直したものであります。対象は聖学院の大学生、高校生、父母、卒業生、全聖学院関係者に、広く読んでいただきたいと願って編集したものであります。最初の宣教師ガルストの説教は「聖書之道」(日本におけるディサイプルス派の機関誌で、日本側の最も貴重な資料)の創刊号(明治三一年)から取ったもので、読み易く書き直したものですが、年代的には最も古いものであります。なおこの夏、小倉義明女子聖学院中高校長が、米国テネシー州ナッシュビルにあるディサイプルスの資料館から、貴重な資料をお持ち帰りいただいたのですが、今回は間に合わず、ほんの一部だけ、ミス・パーカーの記事を付記いたしました。

われらの先人たちが日本の宣教のためにどんな労苦を払われたか、また彼等がどんな思いで聖学院を創められたかが、これを読む方々に少しでも解っていただければ幸いに存じます。そしてその理解が、聖学院のこれからの歩みの上に活力となって働いていく事を願って止みません。しかしすべては全能の神のなし給う業でありますから、先人と共に聖学院の前途に神の守りと祝福を祈るのみであります。

編集に当たっては小倉義明先生にご指導をいただき、刊行全般は聖学院大学出版会の出版部長山本俊明氏が担当して下さいました。ご多忙きわまる中、序文を書いて下さった大木理事長をはじめお援け下さった方々に感謝申し上げます。

一九九三年九月

90＋110記念伝道・研究・刊行委員会

委員　小花綾子

聖《せい》学《がく》院《いん》教《きょう》育《いく》の源《げん》流《りゅう》

—— 神《かみ》を仰《あお》ぎ 人《ひと》に仕《つこ》う

1993年10月1日　初版第1刷発行
2020年4月1日　第13刷（復刻版）
2023年4月1日　復刻新版

編　者　90＋110記念伝道・研究・刊行委員会

発行者　清 水 正 之

発行所　聖学院大学出版会

〒362-8585　埼玉県上尾市戸崎1－1
Tel. 048-725-9801　Fax. 048-725-0324
E-mail : press@seigakuin-univ.ac.jp

印刷所　橋本印刷株式会社

ISBN978-4-909891-15-0　C0016